KB040315

마을을 불살라 백치가 되어라

마을을 불살라 백치가 되어라

구리하라 야스시 지음
번역공동체 〈잇다〉 옮김

논형

村に火をつけ白痴になね 伊藤野枝伝
ⓒ Yasushi Kurihara 2016
Originally published in 2016 by Iwanami Shoten Publishers, tokyo
This Korean language edtion published in 2019 by Nonhyung, Seoul
by arrangement with the Iwanami Shoten Publishers, tokyo.

마을을 불살라 백치가 되어라

초판 1쇄 인쇄 2019년 9월 20일
초판 1쇄 발행 2019년 9월 30일

지은이 구리하라 야스시
옮긴이 번역공동체 〈잇다〉
펴낸곳 논형
펴낸이 소재두
등록번호 제2003-000019호
등록일자 2003년 3월 5일
주소 서울시 영등포구 양산로 19길 15 원일빌딩 204호
전화 02-887-3561
팩스 02-887-6690
ISBN 978-89-6357-230-7 03330
값 16,000원

이 도서의 국립중앙도서관 출판예정도서목록(CIP)은 서지정보유통지원시스템 홈페이지
(http://seoji.nl.go.kr)와 국가자료공동목록시스템(http://www.nl.go.kr/kolisnet)에서
이용하실 수 있습니다. (CIP제어번호: CIP2019035051)

음탕한 년! 그 음탕한 년!

얼마 전 후쿠오카의 이마주쿠(今宿)라는 곳에 다녀왔다. 이토 노에(伊藤野枝)의 고향이다. 후쿠오카에 사는 친구가 고맙게도 자금을 마련해 작은 강연회에 불러 주었다. 모처럼 생긴 기회라 친구 집에서 자고 이튿날 이마주쿠에 다녀왔다. 목적지는 자연석으로 만들어진 노에의 무덤. 잘 알려진 것처럼 노에는 다이쇼시대*의 아나키스트이자 우먼리브**의 원조로 불리는 사상가인데, 1923년 9월 관동대지진 직후의 혼란 속에서 연인인 오스기 사카에(大杉栄), 조카인 다치바나 무네카즈(橘宗

---

* 다이쇼(大正)시대는 1912년부터 1926년까지의 시기로, 일본 국내에서 자본주의의 급속한 발전에 따라 도시 중간층과 무산계급이 성장했고, 그들이 정치적 자유를 추구하게 된다. 각 분야에서 민주주의와 자유를 지향하는 운동과 풍조가 나타났다. 다이쇼 데모크라시라는 별칭으로 불리기도 한다.
** 1960년대 말, 일본의 학생운동인 전공투(전학공투회의, 全学共闘会議)운동 시기에 바리케이트 안에서도 존재했던 억압과 차별, 그리고 성적 대상화에 대해 여성 스스로가 문제제기를 하면서 1970년에 시작된 우먼리브운동(Women's liberation movement)의 약칭이다.

一)와 함께 헌병대의 손에 무참히 살해당하고 만다. 세 사람의 유골은 함께 모아진 후에 분골되어 각자의 친척들이 무덤을 만들어 주었다. 그래서 세 곳 모두 세 명의 무덤이라고 할 수 있지만, 오스기가 시즈오카에, 다치바나는 나고야에, 노에는 이마주쿠에 무덤이 만들어졌다.

그런데 오스기와 노에의 무덤에는 조금 사연이 있다. 시즈오카에서도 이마주쿠에서도 절의 주지가 '국적(国賊)*'이라며 납골을 거부했다. 그래서 오스기의 무덤은 시즈오카의 공동묘지에, 노에의 무덤은 고향에 나무로 된 묘표(墓標)만 세워졌을 뿐이다. 게다가 노에의 묘표는 자주 해코지를 당해 뽑혀 버려지곤 했던 모양이다. 그런 일이 너무 자주 일어나자 화가 치민 노에의 아버지와 삼촌은 궁리 끝에 어디서 구해왔는지 커다란 자연석을 묘비 대신 가져다 놓았다고 한다. '어디 한번 옮길 테면 옮겨 봐'하고 말이다. 멋지다. 노에의 무덤은 한낱 돌일 뿐이지만, 어떤 의미에선 전설의 무덤이다.

나는 대학에 다닐 때부터 오스기를 연구해 왔고 노에의 열렬한 팬이기도 해서, 줄곧 그 돌이 보고 싶어 미칠 지경이었다. 하지만 수소문을 해보니 지금은 어딘가 산속에 있고, 그 장소 또한 몇몇 친척들만 알고 있다고 한다. 그래서 반쯤 포기하고 있었는데, 모처럼 후쿠오카까지 가게 됐으니 무슨 수를 써서라도 그 돌을 보고 싶었다. 그래서 그쪽 사정에 밝은 도쿄의 지인에게 물어보니 단번에 이마주쿠의 향토사가(史家) 오우치 시로

---

* 나라에 해를 끼치는 역적.

(大内士郎)의 연락처를 알려주었다. 그에게 물어보면 무엇이든 다 알려 줄 거라고 했다. 바로 전화를 해보니 당연하다는 듯 돌이 있는 장소를 알고 있었고, 언제라도 안내해 주겠다고 한다. 잘됐다! 두말할 것 없이 그에게 부탁하기로 했다.

당일 JR이마주쿠 역 앞 편의점에서 오우치를 만나기로 했다. 거기서부터 산속까지 차로 데려가 준다고 한다. 친구와 함께 도착하니 오우치가 사람 좋아 보이는 미소로 우리를 맞아주었다. 그는 인사를 하고 이마주쿠 사람들이 노에를 어떻게 평가하는지 귀띔해 주었다. 전쟁 전에는 국적 취급을 받았다 하더라도 지금은 근대의 위인 정도로 여겨지고 있을 거라 생각하고 있었다. 그러나 오우치의 입에서는 뜻밖의 말이 흘러나왔다. "이곳 사람들은 노에에 대해 말하기를 꺼려 해요." 십 몇 년 전에 방송국에서 취재를 나온 적이 있었던 모양이다. 그때 오우치가 여러모로 취재팀을 도와주었는데, 노에와 동년배인 할머니 한 분이 아직 살아계셔서 취재팀을 데리고 그 할머니에게 이야기를 들으러 갔다고 한다.

하지만 취재를 갔을 때 할머니는 아무리 물어도 "그런 사람은 모릅니다"라고 할 뿐, 고개를 숙인 채 아무 말도 하지 않으려 했다. '모를 리가 없을 텐데…'하면서도 오우치는 취재팀을 돌려보내고 집으로 돌아왔다. 그런데 그날 밤에 할머니가 오우치의 집으로 들이닥쳤다. 낮에는 그렇게 온순하던 할머니가 갑자기 큰 소리로 호통을 쳤다고 한다. "자네 대체 생각이 있는 게야? 텔레비전 같은 데 나가면 여기가 그 여자 고향이라고 세상에 다 알려지지 않는가!" 이게 대체 무슨 소리지? 오우

자연석으로 만들어진 노에의 무덤
(촬영: 고이 겐타로(五井健太郞))

치가 어리둥절한 얼굴을 하자, 할머니는 이렇게 고함을 쳤다.
"음탕한 년! 그 음탕한 년!" 세상에나.

노에의 저주다!

나는 어처구니없는 이야기라고 생각했지만, 오우치는 아
무렇지도 않게 "자, 그럼 가봅시다"하며 우리를 차에 태워주
었다. 역에서 15분. 시간상으로는 얼마 걸리지 않지만 좁은 길
을 구불구불 몇 번이나 돌아야해서 찾아가기 어려운 곳에 있었
다. 산속으로 들어가 조금 후미진 곳에 차를 세웠다. 거기서부
터는 걸어서 산을 올랐다. 사람이 다니는 길이 아니라서 꽤나
험하다. 여기저기 흙이 봉긋하게 솟아올라 있는 걸 보고 친구
가 "이게 뭔가요?"하고 묻자, 오우치가 "무덤이예요. 여긴 고

분군(古墳群)이거든요"라고 알려 주었다. 조금 놀라기는 했지만 옛날부터 여기는 묘지였다는 소리겠지. 그런 생각을 하면서 걷다 보니 얼마 지나지 않아 커다란 돌이 보였다. 드디어 전설의 무덤을 알현하는 것이다.

"우와, 분위기 있는데요"라며 내가 시답잖은 말을 하면서 돌을 만지자, 옆에서 오우치가 이런저런 설명을 해주었다. "실은 이 돌, 내가 어렸을 땐 길가에 방치되어 있었어요." 아마도 처음에 놓여있던 곳을 말하는 것 같았다. 오우치가 다니던 소학교의 통학로에 있었나 보다. 그런데 누구든 만지려고 하면 만질 수 있었을 텐데, 아무도 만지려 하지 않았다고 한다. 어른들이 "저 돌은 만지면 안 돼. 만지면 빨갱이 된다"고 했던 모양이다. 몰라도 너무 모른다. 모름지기 아나키스트의 상징은 검은색인데. 오우치가 초등학생 시절이면 아마도 1950년대쯤일 텐데 전쟁이 끝나도 이 모양이라니…. 이마주쿠, 정말 지독한 곳이다.

그러나 이야기는 여기서 끝나지 않는다. 1958년 이 근방에 사는 아저씨가 자기 마음대로 이 묘석을 집으로 가져간 모양이다. 노에나 오스기를 흠모해서 가져간 것이 아니었다. 눈에 거슬리는 돌을 치워버릴 작정으로 가져가서 정원석으로 삼은 것이다. 비극은 거기에서 시작되었다. 얼마 뒤 그 아저씨가 사고로 급사했다. 꼴 좋다! 게다가, 그 후로도 20년 정도 묘석은 계속 방치된 채로 있었는데, 이번엔 그 집 손자가 병에 걸려 움직일 수 없게 되었다. 이마주쿠에서는 이 일로 한바탕 난리가 났다. 그럴싸한 소문이 돌았다고 한다. 노에의 저주다!

이 일로 사람들은 노에와 오스기의 딸인 이토 루이를 찾

백치가 되어라

아갔다. 집안의 누군가가 "네 어머니의 저주 때문에 난리가 났어"라고 말했다고 한다. 알게 뭐람. 아니 도대체 남의 어머니에 대해 어떻게 그런 말을 할 수가 있을까? 루이는 이렇게 대답했다. "어차피 그냥 돌일 뿐인데, 그런 말 할 거면 바다든 어디든 내던져 버리시라고요." 멋지다. 하지만 너무 끈질기게 도와달라고 매달려서, 우치노(內野)에 있는 서광사(西光寺)에 가져가 혼령을 쫓는 제를 지내고, 그대로 묘석으로 놓아두기로 했다. 1980년 4월의 일이다.

여기에서 끝이라면 좋았겠지만 아직 뒷얘기가 남아있다. 이 자연석이 노에의 묘석이라고 알려지자, 노에의 팬들이 종종 사찰에 참배를 하러 왔던가 보다. 그런데 참배객과 사찰 사이에 사소한 다툼이 생겨서, 시주(檀家)인지 사찰 사람인지가 저 돌을 어떻게 좀 하라고 했다. 무서운 건 그 시주 집안의 누군가에게 불행한 일이 생겼다는 것이다. 참고로 오우치는 "이건 확실한 얘긴 아니예요"라고 말했다. 어쩌면 단순한 소문일지도 모른다. 하지만 그곳은 이마주쿠다. 사람들은 다시 이렇게 수군거리기 시작했다. 노에의 저주다! 이러쿵저러쿵 말들이 많았을 게다. 하는 수 없이 루이는 묘석을 거두기로 했다. 친구에게 부탁해 그가 소유한 산에 놓아두기로 했다. 그것이 지금 묘석이 있는 장소이다. 기본적으로 비공개로 되어있는 이유는 돌을 조용히 쉬게 하려는 루이의 마음일 것이다.

오우치가 들려준 이야기는 여기까지다. 다 듣고 나서 계속 귓가에 맴돌았던 건, "노에의 저주다"라는 말이었다. 나는 순간 놀라서 만지고 있던 자연석에서 손을 뗐는데, 그걸 보고

10

있던 오우치가 "하하하" 웃으면서 "소유하지 않으면 괜찮아요"라고 말했다. 그런데 정말 오싹했던 것은 그 뒤의 일이다. 집에 돌아와서 그 돌이 산으로 옮겨진 때가 언제였는지 궁금해서 알아보니 1995년 8월이었다. 그리고 문득 떠오르는 것이 있어서 루이에 대해 조사해 보니 역시 내 짐작대로다. 루이는 이듬해 6월에 사망했다. 5월에 말기 암 선고를 받고 약 한 달 뒤에 세상을 떠났다고 한다. 묘석을 거두고 나서 일 년도 채 지나지 않았다. 말도 안 돼! 노에의 무덤은 그냥 돌일 뿐이다. 사실, 이 글을 쓰고 있는 지금은 새벽 4시. 조금 무서워져서 기분 전환을 하려고 TV를 켰더니, 배우 오키나 메구미(奥菜惠)가 "아악!"하고 비명을 지르며 살해당하고 있었다. 뭐야 이건? 〈주온〉*이다. 젠장. 내 입에서도 기어이 이 말이 나오게 만들고 싶은 걸까? 노에의 저주다!

이제 젠더는 없다, 섹스만이 있을 뿐

여행담이 길어졌지만 이마주쿠에서 노에가 어떤 취급을 받아왔는지 알게 되었을 거라고 생각한다. 솔직히 나로서는 놀라운 일이었다. 근대를 풍미한 위인의 고향을 방문하려던 계획이었는데, 마치 입 밖에 꺼내서는 안 될 요괴 이야기를 들으러 간 것처럼 되어버렸기 때문이다. 이토 노에, 요괴 전설.

• 주온(呪怨)은 2002년 개봉된 일본의 호러영화이다.

글쎄, 이런 식으로 말해도 나쁘지는 않겠지만, 여기서 우리가 반드시 짚고 넘어가야 할 것은, 노에가 어째서 그런 식으로 평가되어 왔는지에 대한 것이다. 노에의 어떤 점이 그렇게 두려웠던 것일까? 무엇이 그녀를 그토록 불길하다고 여기게 했을까? 나는 할머니가 오우치에게 던진 그 한 마디가 모든 걸 말해준다고 생각한다. 음탕한 년! 그 음탕한 년!

이 책에서 우리는 노에가 살아온 궤적을 따라가겠지만, 미리 그 특징을 한 마디로 정리해 두려고 한다. 내키는대로 살기. 배움에 있어서, 먹는 데 있어서, 사랑과 성 그리고 살아가는 모든 것에 있어서, 그녀는 제멋대로였다. 그리고 그것이 결혼제도와 정면으로 충돌하게 된다. 노에는 도쿄의 고등여학교를 졸업하고 고향에서 결혼하지만 견디지 못하고 금방 뛰쳐나오고 만다. 본인은 부모와 친척들이 억지로 시킨 결혼이라고 말하지만 사실은 그렇지 않다. 그 남자가 싫어져서, 그와 시골에서 평생을 살아야 하는 것을 못 견디고 도망친 것이다. 그 후로도 도쿄에서 좋아하는 남자와 결혼해서 아이도 둘이나 낳았지만 또 다른 남자가 좋아져서 집을 나왔다. 그 남자가 바로 오스기다. 노에는 젖먹이를 안고 집을 나왔지만, 돈이 떨어지자 남에게 줘 버렸다. 참고로 이 때 오스기는 다른 두 명의 여성과 사귀고 있었는데, 이런 상황에서 노에와의 관계를 유지하기 위해서 동거는 하지 말자고, 그것이 자유연애의 법도라는 식으로 말했다. 이에 대한 노에의 대응은 대단했다. 입으로는 알겠다고 해놓고 단번에 그 약속을 깨버린 것이다. 노에는 오스기의 품에 파고들어 맘껏 애욕을 탐했다. 덕분에 그는 사귀던 여성에게 칼을 맞는다. 그럴 만도 하다.

어쩌면 이를 두고 진실한 사랑을 갈구한 결과라고 말하는 사람이 있을지도 모르겠지만, 그렇게 아름다운 것만은 아니다. 제멋대로였던 것이다. 진실한 사랑이 어쩌고저쩌고하는 사람은 대부분 커플에 대한 이상(理想) 같은 것을 가지고 있어서, 그것을 실현하기 위해서라면 헌신적으로 되기 마련이다. 사랑이란 모름지기 둘이서 어떤 맹세를 하는 것이다. 상대방이 그것을 지키지 않으면 법에 호소하거나, 자신이 불륜을 저지른다 하더라도 세상의 동정을 받을 수 있을 거라 생각한다. 하지만 노에는 그렇게 생각하지 않았다. 처음부터 이래야 한다 저래야 한다는 사랑의 형태 따위는 가지고 있지 않았다. 사랑의 맹세를 했다 하더라도 그건 어디까지나 말일 뿐, 애당초 지킬 생각 따위는 눈곱만큼도 없었다. 중매로 한 결혼뿐만이 아니다. 좋아하는 상대와의 결혼에서도, 자유연애에서도 함께 나눈 약속을 지키지 않았다. 노에의 머릿속에 있는 건 솔직히 이것뿐일 게다. '더 알고 싶어. 더 쓰고 싶어. 더 섹스하고 싶어.' 오로지 그것만을 향해 내달릴 뿐이었다. '이걸로는 좀 모자라, 안 되겠어.' 갑갑하다는 생각이 들 때면 언제라도 모든 것을 내던지고 새로운 삶을 움켜쥔다. 마치 그것이 당연하다는 듯이. 살아있는 모든 존재에게 이런 충동, 하고 싶은 걸 맘껏 하는 것보다 중요한 것은 없다고 생각했기 때문이다.

아마도 노에가 고향에서 요괴처럼 여겨지는 것은 그 때문일 것이다. 무릇 인간 사회는 약속의 축적으로 이루어진다. 그렇게 해주는 대신에 이렇게 해준다는 약속을 깨뜨리면 벌을 받고 잘 지키면 칭찬을 받는다. 그리고 그런 사회의 토대가 되는 것이 바로 결혼이다. 사랑을 맹세하고 가정을 이루는 것이 마치 인간다움의 증거라도 되는 것처럼. 아내로서 남편을 잘 섬기고 아이를 키운다. 그러면 칭찬을 받고, 그렇게 하지 않으면 용서받지 못한다. 여자니까, 아내니까, 이래야 한다 저래야 한다. 아무리 싫어도, 아무리 힘들어도, 그것을 견디는 것이 인간다운 것이라고 굳게 믿으면서 말이다. 하지만 노에는 그런 약속 따위, 애초에 지키려고 하지 않았다. '싫어, 뭔가 부족해, 답답해.' 단지 이런 이유만으로. 그것이 노에를 음탕한 년이라는 말로 옭아맸다. 사람도 아니라고, 역겹다고.

실은 보수적인 사람들뿐만 아니라 여성의 지위 향상을 추구하는 사람들도 그런 약속을 중요하게 여긴다. 보다 좋은 사회를 상정해 놓고, 거기에 가까워지는 것. 지금 남자들과 주고받는 약속은 불평등하다. 그러니 그것을 개선하자. 남자와 정치적, 경제적 평등을 이루어내자. 여자의, 주부의 역할이 좀 더 존중받을 수 있도록 하자. 지금이라면 '젠더'라는 단어를 사용할 것이다. 사회적 성. 이 사회에서 여자가 남자보다 낮은 입장에 놓여 있는 것은 성의 본질에 의한 것이 아니다. 사회적으로 그렇게 만들어졌고, 약속이 쌓여서 그렇게 강요당해 온 것뿐이다. 그러니 새로운 약속을 교환한다면 문제는 개선될 수 있다.

하지만 노에가 그런 발상을 했을 리 없다. 그녀는 약속 그 자체를 파기하고자 했다. 정해진 규칙 따윈 존재하지 않는다. 아무리 양심적으로 주고받은 약속이라고 하더라도 그것은 살아가는 방식을 고정하고 삶에 고통을 더하는 것밖에 되지 않기 때문이다. 남자와 동등한 여자가 되는 것도, 여자다운 여자가 되는 것도 다 성가시다. 결국 보다 좋은 사회 따위는 없다. 약속을 주고받으며 살아간다는 것은 무언가를 위해서 살아있다는 것과 마찬가지다. 그저 하고 싶은 것을 하면서 살고 싶다. 책을 읽고 글을 쓰고 싶다. 연애를 하고 섹스를 하고 싶다. 더 즐겁게, 내키는 대로. 그렇게 해주는 남자가 있다면 빼앗아 품에 안고 함께 산다. 불륜 만세, 음란 좋아. 그것이 사람답지 않다고 한다면 요괴든 뭐든 되어 주마. 욕망을 활짝 열어놓고 선언하자. 이제 젠더는 없다. 섹스만 있을 뿐. 지금부터 노에와 함께 새로운 페미니즘의 사상을 엮어가고 싶다.

차례 ▶

들어가며

음탕한 년! 그 음탕한 년! 005 ㅣ 노에의 저주다! 008 ㅣ 이제 젠더는 없다,
섹스만 있을 뿐 011

1장 가난 따위 아랑곳없이 제멋대로 살아라!

아버지는 일하지 않는다 021 ㅣ 나는 책 읽기를 좋아한다 026 ㅣ 나는 절
대로 머리를 숙이지 않겠다 030 ㅣ 오늘부터 나는 도쿄 사람이 된다 033

2장 야반도주의 철학

서양 거지가 나타났다 039 ㅣ 노에, 해적이 되다 044 ㅣ 오로지 섹스만
049 ㅣ 누가 좀 도와주세요, 도와주세요 052 ㅣ 연애는 불순하지 않다,
불순한 건 결혼이다 059 ㅣ 궁극의 야반도주 063

3장 남의 섹스를 비웃지 마라

청탑사 마당에 똥을 뿌리다   071 ⏐ 레드 엠마   076 ⏐ 노에의 요리는 맛없고 지저분하다?   082 ⏐ 힘을 다해 죽을 각오로 닥치는 대로 써라 085   (1) 정조논쟁   086   (2) 낙태논쟁   088   (3) 폐창논쟁   091 ⏐ 오스기 사카에, 노에에게 홀리다   096 ⏐ 급전직하, 나도 내 마음을 모르겠다고!   101 ⏐ 약속 따위 못 지켜, 결혼도 자유연애도 내 알 바 아니야   105 ⏐ 돈이 없으면 달라고 하면 돼, 포기하지 마!   110 ⏐ 귀신 이야기-하야마히카게차야 사건   114 ⏐ 일어라 파도여, 바람이여, 폭풍이여   118

4장 하나가 되어도 하나가 될 수 없다

송이버섯을 보내줘 125 ┃ 대단해, 대단해, 나는 대단해 128 ┃ 가메이 도에서의 새로운 생활―어서 와요, 우리 집에 132 ┃ 싫은 건 싫은 거다 136 ┃ 당신은 일국의 위정자이지만 나보다 약합니다 138 ┃ 주부들이 진짜로 삶을 확충하고 있다 141 ┃ 마코는 엄마를 까맣게 잊어버렸습니다 144 ┃ 결혼제도란 노예제이다 147 ┃ 하나가 되어도 하나가 될 수 없다 151 ┃ 우정이란 중심이 없는 기계다―이제 인간을 그만두고 미싱 이 될 때가 온 것 같다 154 ┃ 가정을, 인간을 파업하겠다―이 썩어 빠진 사회에 분노의 불덩이를 내리꽂아라! 158

5장 무정부는 사실이다

노에, 무섭게 폭발하다   165 Ι 어차피 희망이 없다면 뭐든 내 맘대로 하겠다 168 Ι 교수대에 매달려도 좋다   171 Ι 실업노동자여 단결하라   174 Ι 무정부는 사실이다−비국민, 멋지다! 실업, 좋다!   178 Ι 마을을 불살라 백치가 되어라 181 Ι 나도 일본을 떠나 오스기를 따라가겠습니다   183 Ι 국가의 개에게 살해당하다   186 Ι 벗들은 비국민−국가에 대한 해로움은 도처에 널려 있다   188

나오며

여차하면 태양을 먹자   197 Ι 태초에 행동이 있었다. 해버리는거야!   201

한국의 독자들에게   207
역자 후기   215
이토 노에 연표   231
미주   235
참고문헌   239

〈노에의 가족들 - 노에와 오스기의 3주기 때〉

뒷줄 왼쪽부터 아버지 가메키치, 여동생 쓰타, 고모부 다이 준스케,
앞줄 왼쪽부터 고모 사카구치 모토, 셋째 딸 엠마, 어머니 우메, 넷째 딸 루이즈,
장녀 마코, 고모 다이 기치.

출처: 矢野寬治, 『伊藤野枝と代準介』, 弦書房, 二〇一二年(야노 간지, 『이토 노에와 다이 준스케』, 겐서방, 2012년)

1장

가난 따위 아랑곳없이 제멋대로 살아라!

아버지는 일하지 않는다

이토 노에는 1895년 1월 21일 후쿠오카현 이토시마군 이마주쿠(현, 후쿠오카시 서구)에서 태어났다. 아버지는 이토 가메기치(伊藤亀吉). 이토 집안은 원래 만물상이라 불렸는데, 연공미(年貢米)에서 해산물에 이르기까지 각종 토산품을 배로 옮기는 일을 했다. 하지만 가메기치가 열심히 일을 하지 않아서인지 그의 대에서 가업이 완전히 기울어 집안이 궁색해졌다. 어머니의 이름은 우메. 호적에는 무메로 올라가 있지만 부르기 쉬워서인지 사람들은 우메라고 불렀다. 두 사람 사이에는 일곱 명의 자녀가 있었는데 남자아이가 다섯, 여자아이가 둘이다. 노에는 그 중 셋째로 맏딸이다. 노에의 바로 아래 여동생 쓰타는 터울이 적어서 어릴 적에도 줄곧 함께였고, 어른이 되어서도 이따금 만나고 편지를 주고받는 사이였다. 노에의 호

적상의 이름은 '노에(ノエ)'. 노에(野枝)라는 한자는 발음을 따서 자신이 지은 것으로, 훗날『청탑(靑踏)』에 글을 쓰기 시작하면서 사용하게 된다.

노에의 인생에 아버지의 영향이 꽤 컸기 때문에, 그녀의 인생을 알려면 우선 가메기치가 어떤 사람이었는지 조금 상세하게 알아 둘 필요가 있다. 앞서 말했듯이 그는 대대로 이어온 가업을 지키지 못하고 와공(瓦工)이 되었다. 솜씨가 좋다고 마을에서는 평판이 자자했지만 귀찮아하며 열심히 일하지 않았다. 가끔 일을 하더라도 자기가 돈을 받으러 가지는 않는다. 항상 우메나 쓰타가 그 일을 도맡았다. 그건 돈을 독촉하러 가는 것이라서 싫은 소리를 들어야하는 아주 곤혹스러운 일이었다.

사실 노에도 어릴 적에 한번 간 적이 있지만 "돈 주세요"라고 하자, 그 집 사람이 무서운 얼굴로 나와 "야, 여기!"라고 버럭 소리치며 돈을 내던졌다. 필요하면 주워서 가라는 것처럼. 노에는 묵묵히 그 돈을 주워 허둥거리며 집으로 돌아왔는데, 그 뒤로는 두 번 다시 돈을 받으러 가지 않았다. 그럴 만도 하지, 가엾게도…. 그런 이유로 여동생 쓰타가 대신 가게 되었는데, 그 편이 더 가여울 수도 있지만 아무튼 노에의 어린 마음에 큰 상처가 남았음에는 틀림이 없다. 돈, 돈, 돈. 한번 생긴 상처는 어떤 것으로도 치유될 수 없다.

하던 얘기로 돌아가자면, 어쨌든 가메기치는 마음이 내킬 때만 일을 했다. 실제로 노에가 죽고 나서 두 딸 엠마와 루이즈를 외가에서 맡아 키우게 되었는데, 루이즈가 기억하길 할아버지가 일하는 모습을 본 적이 없다고 했다. 때문에 루이즈는 어른이 되어서도 남자가 일정한 직업을 가지고 일해야 한다는 생각을 하지 못했다. 바람직한 일이다. 분명 노에도 그랬을 테지. 일하지 않아도 가메기치는 눈코 뜰 새 없이 바빴다. 취미인 꽃꽂이와 샤미센 연주에 심취해서 실력도 전문가 못지않았다. 일할 틈이 있을 리가 있나.

날마다 취미에 흠뻑 빠져 지내다 피곤해지면, 기분전환을 위해 산이나 바다로 놀러 다니며 빈둥거렸다. 그러다가 배가 고프면 집에 돌아와 밥을 먹는다. 이런 생활을 하는 그를 가리켜 동네 사람들은 '베짱이 요기치(与吉)'라 불렀다. '요기치'는 게으름뱅이(与太者)의 요(与)와 가메기치의 기치(吉)를 합쳐 부른 것일 텐데, 아주 멋진 별명이다.

노에는 그런 아버지를 많이 좋아해서 언제나 꼭 붙어 다녔다. 노에는 가메기치에게 금쪽같은 자식이었다. 맏딸이라 더욱 애틋했을 새끼 고양이 같은 노에를 그는 무척이나 귀여워했다. 가메기치는 짜증이 많은 사람으로 사람들에게 고함을 치는 일이 잦았지만, 노에 한테만은 그런 모습을 보인 적이 없다. 아버지는 일하지 않는다. 언제나 놀고먹을 뿐. 마음에 쏙든다.

자연스레 노에가 어른이 된 이후의 이야기로 이어지는데, 그녀의 특기는 샤미센 연주다. 아나키스트 모임에서 흥이 오르면 샤미센을 연주하면서 노래하는 모습을 자주 보였다고 한다. 나도 한번 들어보고 싶다. 그런데 연인인 오스기 사카에는 엄청난 음치로, 노래 실력이 엉망이었다. 그걸 잘 알고 있는 노에는 사람들 앞에서 샤미센을 연주하면서 "당신은 노래를 해요"라고 하며 오스기를 곤란하게 했다고 한다. 짓궂게도. 잠깐 이야기가 다른 길로 샜지만, 이 재주는 틀림없이 아버지에게서 물려 받았을 것이다. 여하튼 아버지는 일하지 않는다.

그렇다면 생계는 어떻게 꾸려 나갔을까? 그건 어머니의 몫이었다. 우메는 가사와 육아를 도맡으면서도 제방공사 현장에서 일용직으로 일하거나, 근처 농가의 일손을 도와 돈을 벌었다. 물론 그 돈으로 많은 자식들을 부양하기에는 턱없이 부족해서 근근이 이어가는 가난한 생활이 계속됐다. 그런데도 가메기치는 일하지 않았다. 가메기치가 너무 심하다고 생각하는 사람도 있겠지만, 나는 그의 마음을 조금은 알 것도 같다. 앞에서 쓴 것처럼 나는 향토사가 오우치의 안내로 이마주쿠를 둘러보고 왔는데, 그 때 노에의 생가터에도 다녀왔다. 거기엔 한눈에도 아주 가까운 곳에 바다가 있었다. 마쓰바라(松原) 해안이다. 해안선을 따라 한가롭게 걸으면서 바다를 바라보자니, 자연스레 해방감이 들면서 일 따위는 완전히 잊게 되었다. 그럴 수밖에 없었다.

그때 오우치에게 들은 얘긴데, 이마주쿠에서 마쓰바라의 바다를 바라보면 아득히 멀리 노코노시마(能古島)라는 작은 섬이 하나 보인다. 대략 4킬로미터 정도 거리에 있다. 열두 살쯤 되었을 때 노에는 그 섬까지 헤엄쳐서 갈 수 있게 되었다고 한다. 나는 몇몇 글을 읽고 노에가 수영을 잘한다는 것을 알고 있었지만 이 정도일 줄은 몰랐다. 수영이 서툰 내가 봐도 사람이 헤엄쳐 건널 수 있는 거리가 아니었다. 파도도 꽤 높아서 오우치에게 "여길 헤엄쳐 건널 수 있나요?"라고 묻자, 단번에 "음,

죽기 십상이죠"라는 답이 돌아왔다. 아무리 수영을 잘하는 사람이라도 한번 조류가 바뀌면 목숨이 위태로워진다는 것이다. 어릴 때부터 그런 위험한 일을 해 왔다니 노에가 대단하다 할 수밖에. 고모인 기치가 노에를 두고 "수영하는 게 갓파˙ 같구나"라고 했다는데 그럴 만하다고 생각했다. 어른이 되어서도 노에는 무슨 일에든 거침이 없어서, 생각한 것은 마음먹은 대로 해내는 담대함과 호쾌함을 가졌다. 이런 기질은 아버지에게서 물려 받은 것일 수 있고, 매일 바다를 마주하면서 터득한 감각이라고도 할 수 있지 않을까?

노에는 달리 말하면 자기 밖에 모르는 철부지이다. 여동생 쓰타가 말하는 그런 언니의 모습을 소개할까 한다. 이 일은 노에와 쓰타가 심상소학교˙˙에 다니던 시절의 이야기다. 어느날, 집안 식구가 모두 집을 비워 밤 늦게까지 둘이서 집을 보고 있었다. 돈 벌러 나간 엄마는 늦도록 돌아오지 않았다. 얌전히 기다리고 있으면 좋았겠지만 해가 지자 배가 너무 고팠다. 노에는 바로 행동을 개시해 부엌 찬장을 뒤지기 시작하더니, "여기 있다!"라고 소리지르며 쓰타에게 왔다. 뭔가 싶어 들여다보자, 찬밥을 찾았는지 "소금 넣고 주먹밥을 만들어 먹자"고 하는 것이다. 쓰타는 그 밥이 온 식구가 먹을 끼니라는 걸 알고 있었기에, 일하고 지쳐 돌아올 엄마를 위해 그냥 두자고 했지

˙ 갓파(かつぱ)는 일본 각지의 강, 호수, 바다에 사는 요괴의 일종으로, 어린아이의 모습을 한 상상의 동물이다.
˙˙ 일본이 1886년에 제정한 소학교령에 따라 설치한 초등학교의 일종으로, 1941년 국민학교령이 제정될 때까지의 일본의 의무교육기관이었다. 1907년까지는 4년제였다가, 그 후 6년제로 되었다.

만, 노에는 그 말을 듣지 않고 혼자서 찬밥을 전부 먹어치웠다. 훗날 쓰타는 "그때만큼 언니의 탐욕이 무서웠던 적이 없었어요"라며 그 일을 회상했다. 굳이 강조할 필요는 없겠지만, 아버지인 가메기치라도 노에처럼 행동했을 것이다. 배가 고프면 배불리 먹는다. '가난 따위 아랑곳없이 제멋대로 살아라.' 이것이 이토 집안의 가훈이다.

나는 책 읽기를 좋아한다

1901년 4월 여섯 살 되던 해, 노에는 이마주쿠 심상소학교에 입학했다. 남에게 빌린 책을 읽으면서 뭐가 그리 재미있는지 이즈음부터 노에는 굉장한 책벌레가 되어 있었다. 물론 이토 집안은 경제적으로 넉넉하지 못해서 책을 사주지는 못했다. 읽을거리라고는 벽장에 붙어 있는 옛날 신문이 유일했다. 노에는 항상 벽장 속에 들어가서 그것을 뚫어지게 쳐다보곤 했다. 나는 책읽기를 좋아한다. 그렇다고는 해도 노에는 가냘픈 문학소녀가 아니라, 동네 아이들에게 괴롭힘을 당하는 소심한 오빠를 대신해서 달려들어 소리를 지르며 주먹을 날리는 아이였던 듯하다. 수영으로 다져진 몸이니 체격도 좋고 힘도 셌을 것이다. 개구쟁이였다.

그런 노에에게 큰 변화가 생긴다. 1904년, 아버지 쪽 친척인 마쓰(マツ)의 양녀가 된 것이다. 말 그대로 입을 하나 덜기 위해서였다. 이토 집안은 원래 대가족이어서 엄마 혼자 일

을 해서는 먹고 살 수가 없었기에, 친척이라고는 해도 남이나 다름없는 집에 노에를 맡겨 버린 것이다. 그래서 노에는 에노키즈(榎津) 심상소학교로 전학을 가게 된다. 당시 동급생들의 말에 따르면, 노에는 그때 이미 책벌레여서 등하굣길에도 책을 손에서 놓지 않고 읽으면서 걸었다고 한다. 공부도 꽤 잘하는 편이었다. 그런데 이 때가 노에 일생에 가장 최악의 시기였다. 마쓰의 남편은 소문난 노름꾼이어서 감당 못할 빚을 지게 되어 집안이 조용한 날이 없었다. 이듬해 마쓰는 이혼을 하고, 노에도 소학교를 졸업한 뒤 이마주쿠의 집으로 돌아가게 되었다.

그 집에서의 경험이 얼마나 싫었던지 노에는 어머니에게 "나는 아무리 살기 힘들어도 내 자식을 남에게 주지는 않을 거야"라며 고약을 떨었다고 한다. 심보가 못돼 먹었다. 그렇게 말해 놓고 나중에 아무렇지도 않게 자기 아이를 버린 것은 노에답다. 아무튼 그때는 어지간히 화가 치밀었나 보다. 우메도 그 말이 마음에 남았던지, 나중에 노에가 죽고 나서 손녀들을 데려와 키울 때 남들이 달라고 해도 주지 않았다. 가난하더라도 사랑으로 키우면 된다, 궁핍한 사람이 있으면 다른 사람의 아이라도 보살펴 주자, 우메는 이렇게 생각하게 되었다고 한다. 좋은 사람이다.

1905년, 열 살이 된 노에는 옆 동네에 있는 스센지(周船寺)고등소학교에 진학했다. 이마주쿠에는 고등소학교가 없었기 때문에 매일 3킬로미터를 걸어서 학교에 다녀야했다. 튼튼한 다리다. 그러나 1908년 3월, 열 세 살이 된 노에는 다시 다른 집에 맡겨지게 된다. 아버지 쪽 친척 기치의 집이다. 그러나 이번엔 불행 중 다행이었다. 기치는 사업가인 다이 준스케(代準介)의 후처로 들어가서, 당시엔 나가사키(長崎)에 살고 있었다. 다이는 전국에서 목재와 철근 자투리를 사들여 간사이(關西)에 내다파는 장사를 하고 있었는데, 꽤 성공한 편이었다. 그는 흥미로운 인물이었다. 진짜인지는 몰라도 우익의 보스격인 도야마 미쓰루(頭山滿)가 자기의 먼 친척이라며 젊었을 때부터 존경했다고 한다. 다이는 사업에 성공한 뒤 도야마를 찾아가 돈독한 사이가 되어 자금까지 댔다고 한다. 우익의 후원자가 된 것이다. 그런 사람이었기에 좋은 일, 나쁜 일 가리지 않고 세상사에 두루두루 관심이 있었다. 그래서 집에는 책이 많았다. 게다가 지요코(千代子)라는, 노에보다 한 살 많은 딸도 있어서 당시의 여자아이들이 읽고 싶어하는 잡지나 문학서도 가득 쌓여 있었다. 노에에겐 꿈만 같은 일이었다. 얼마 전까지만 해도 벽장 속에 들어가 옛날 신문과 눈싸움만 했었는데 말이다.

노에는 나가사키의 니시야마(西山)여자고등소학교로 전학을 갔다. 담임선생은 학생들을 상당히 자유롭게 풀어주는 사람이었는데, 노에는 항상 책을 맘껏 읽을 수 있었을 뿐 아니라 친구들과 실컷 놀 수도 있어서 즐겁게 학교를 다녔다. 방과후 학교에 남아서 오르간을 치거나 테니스를 치면서. 좋아하는 책을 맘껏 읽는다는 게 이렇게 즐거운 일이구나. 이것도 하고 싶고 저것도 하고 싶어. 이것도 할 수 있고 저것도 할 수 있어. 노에의 실력은 쑥쑥 늘었다. 여자들이 하는 것이라고 여겨지는 재봉 같은 학과 이외에는 성적도 상당히 좋았다고 한다.

이런 얘기만 들으면 자유롭게 학창시절을 보낼 수 있게 되었으니 잘된 일 아니냐고 생각할 수도 있겠지만, 노에에겐 녹록지 않은 일도 있었다. 가장 견디기 힘들었던 건 사촌인 지요코와의 차별이었다. 기치는 지요코에겐 '지요코상'이라며 '~ 상'을 붙여서 부르며 친절하게 대했지만, 노에에겐 함부로 이름을 부르면서 여자답게 행동해라, 청소해라, 바느질해라, 사사건건 잔소리를 해 대는 것이었다. '젠장, 왜 나한테만.' 그래서 노에는 '나는 이집 사람이 아니구나'라며 혼자서 소외감을 느꼈다고 한다. 하긴 그 덕에 지요코에게 경쟁 의식이 생겨 엄청나게 열심히 공부를 하게 되었으니 결과적으로는 좋은 일이긴 했지만, 당시의 노에는 정말 괴로웠을 것이다.

물론 이건 노에의 입장일 뿐이다. 기치에게는 전혀 차별하려는 의도가 없었다. 앞에서 말한 것처럼, 기치는 다이의 후처다. 지요코는 전 부인의 딸이고, 기치에게는 피 한 방울 섞이지 않은 남이었기 때문에 아무래도 좀 더 신경을 써야했다. 그렇지만 노에는 어릴 적부터 알고 지냈던 한집안 사람인 데다가, 오빠인 가메기치가 돈이 없어서 다이에게 부탁해 노에를 맡게 된 것이다. 그냥 집에 들인 것도 아니고 지요코와 같은 교육을 받도록 해 주었다. 그러니 잔소리가 심해질 수 밖에. 한집안 사람이기 때문에 더 엄격해지는 것이다. 기치의 입장이 그렇다 하더라도 딸로 키우는 것이라면 지요코와 똑같이 대해야 한다고 말하고 싶지만, 좀처럼 그렇게 할 수 없었던 사정이 기치에게도 있었던 것이다. 이런저런 일이 있었던 나가사키 생활이었지만 그 해 11월에 다이 일가는 사업 차 도쿄로 거처를 옮기게 되었다. 그렇다고 노에까지 데려갈 수는 없었기에 이 마주쿠의 집으로 돌아가게 되었다. 노에는 다시 스센지고등소학교에 다니게 되었다. 또 걸어서 3킬로구나. 가난뱅이는 고달프다.

나는 절대로 머리를 숙이지 않겠다

다시 시골 학교로. 그러나 노에는 한 번 맛본 자유를 잊을 수 없었다. 책을 맘껏 읽고 싶다. 오르간을, 테니스를 실컷 치고 싶다. 놀고 싶다, 놀고 싶다, 놀고 싶다. 노에는 나가사키에서 배운 것을 그대로 하려고 했다. 당시 친구들의 말에 의하면 책상 서랍에는 언제나 다른 책이 있었는데, 어떤 때에는 기노시타 나오에(木下尚江)의 『남편의 자백(良人の自白)』과 같은 조금 조숙한 연애소설을 읽어서 모두를 놀라게 했다고 한다. 노에의 말을 인용해 보자.

나는 4학년 11월에 나가사키의 학교에서 전학왔기 때문에 그 시골 학교의 검소한 교풍에는 전혀 익숙해지지 않았습니다. 게다가 그 전에 있었던 나가사키 학교의 Y라는 선생은 학생들을 아주 자유롭게 풀어주었고, 그 어떤 간섭도, 잔소리도 하지 않았습니다. 그래서 우리들은 꽤나 개구쟁이였습니다. 시골에 돌아와서도 나는 여전히 천진난만하게 뛰어놀았습니다. 교장실이나 교무실에 서슴없이 드나들 수 있는 것도 나쁜이었습니다. 나의 그런 태도가 4학년이라는 최고 학년이자 어엿한 한 사람의 여성으로 나를 대하려고 했던 여선생에게는 조심성 없는 왈가닥 같은 계집애로 보였는지 줄곧 미움을 받았습니다.[1]

이렇듯 나가사키에서 그랬던 것처럼 자유분방한 학교생활을 하려고 했다. 노에 자신이 개구쟁이같이 뛰어 놀았다고 말했던 것처럼. 그러나 그런 노에의 행동거지를 못마땅해하는 선생도 있었다. 여자답지 못하다. 조신해라. 그래서 괴롭힘을 당한 적도 있다.

노에가 나가사키에 가기 전에 잘 대해준 남자 선생이 있었는데, 그가 하타에(波多江)의 소학교의 교장이 되어, 일주일에 한두 번 하굣길에 놀러가곤 했다. 혼자서가 아니라 한 동네에 사는 여선생과 함께였다고 한다. 하타에의 학교는 다니던 학교에서 2킬로미터 정도나 떨어져 있었지만 오르간도 테니스도 칠 수 있었다. 물론 다른 속마음도 있었다. 친구에게는 그 남자 선생이 연애소설 속 주인공 같다고 했다. 짝사랑이었나 보다. 매일같이 즐겁게 놀다가 돌아온다. 좋지 아니한가.

그러던 어느 날 폭풍우가 쳐서 어쩔 수 없이 집에 돌아갈 수 없게 된 적이 있다. 하타에의 선생님의 권유로 근처의 집에서 잤다. 함께 갔던 여선생도 같이 있었다. 다음 날, 집에 들렀다 가면 학교에 늦기 때문에 그대로 스센지의 학교로 가기로 했다. 그리고 평소처럼 수업을 받고 있었는데, 운이 없게도 그날은 미술 수업이 있었다. 미술 선생님이 바로 평소에 노에의 태도를 못마땅하던 그 여선생이었다. 여자라면 조신해야 한다고, 정말로 그렇게 믿고 있는 사람이었을 것이다. 미술시간에 준비물이 있었는데 노에는 집에 들르지 않아 준비하지 못했다. 선생은 준비물을 잊고 온 일에 대해 노에에게 잘못을 빌라고 했다. 당연하게도 노에는 잘못을 빌지 않았다. 어제 이러이러한 사정이 있었다고 설명했다. 그러자 선생은 얼굴을 붉히고 나가 버렸다. 그리고는 담임선생과 함께 교장실에 불려갔다. 아무래도 미술 선생이 노에가 준비물을 잊어버리고는 거짓말을 하며 잘못을 빌지 않는다고 말한 것 같다.

교장실에 들어서자마자 교장이 호통을 쳤다. "어른이 잘못을 빌라는데 너는 어째서 잘못을 빌지 않는 것이냐?" 뭔 소리야? 노에는 단번에 되받아쳤다. "잘못한 것도 없는데 내가 왜 잘못을 빌어야 하나요?" 교장은 머리끝까지 화가 치밀어서 "너는 어른이 말씀하는 데 좀 고분고분할 수는 없어? 왜 이 따위로 반항이냐? 잘못했다고 어서 빌어. 빌라고!"라며 또다시 호통을 쳤다. 그걸로는 부족했는지 "너는 여자니까 공부만 하지 말고 집안일이라도 좀 더 돕도록 해"라며 매섭게 몰아붙였다. 빌어먹을. 뭘 잘못했다고. 노에는 잘못을 빌지는 않았지만, 눈에서 닭똥 같은 눈물이 뚝뚝 떨어졌다. 교장은 "당신이 잘못 가르친 거야"라며 담임에게도 화를 냈다. 담임은 젊은 여선생이었는데 마음이 여리달까, 좋게 말해서 착한 사람이었던 것 같다. 이때는 분해서 우는 노에를 위로하며 그 선생도 같이 울어주었다고 한다. 고맙게도.

그런 일이 있고 나서 노에의 말이 거짓이 아님이 밝혀졌다. 그러나 교장 선생도 미술 선생도 사과하지 않았다. 게다

마을을 불살라

가 하타에의 선생이 미술 선생에게 사정을 설명하러 갔다가 이런 말을 들었다고 한다. "노에는 참 안됐어요. 글쎄 담임선생이 당신과의 사이를 의심해서 둘이 밤을 보냈다고 소문을 퍼뜨렸어요." 거짓말쟁이! 거짓말쟁이! 이때 노에는 '아, 어른이란 게 이런 거구나'하고 생각한 듯하다. 이치에 맞지 않는 일도 우격다짐으로 강요한다. 이 학교에서는 여자와 아이는 이래야만 한다는 것들이 있어서 거기에 맞추는 것이 당연하다고 여겨진다. 그것이 세상의 도덕이라도 되는 것처럼. 말을 듣지 않으면 호통을 치고 협박한다. 그리고 막상 자신들의 잘못이 드러나면 남의 탓을 하며 책임을 회피한다. 너무하다 너무해. 얼마나 억겨웠을까? 노에는 이때의 경험을 '일생 돌이킬 수 없는 굴욕'[2]이라고 말하고 있다. 앞에서도 말했는지 모르겠으나, 한번 생긴 마음의 상처는 절대로 치유되지 않는다. 분해서 입술을 꽉 깨물며 노에는 틀림없이 이렇게 생각했을 것이다. '여자답게 굴어라, 어른이 하는 말을 잘 들으라며 지껄이는 놈들은 모두 다 거짓말쟁이야. 거짓말은 안돼, 그런 소리 듣지 마. 나는 절대로 머리를 숙이지 않겠다.'

오늘부터 나는 도쿄 사람이 된다

    1909년 3월, 노에는 스센지고등소학교를 졸업했다. 졸업하고 나서는 고향인 이마주쿠타니(今宿谷)우체국에 취직했다. 분명 나쁘지 않은 일이었을 것이다. 하지만 노에는 점차 견디

백치가 되어라

기가 힘들어졌다. 다이의 집에서 살았을 때처럼, 고등소학교에 다녔을 때처럼, 다양한 책을 읽고 싶어. 여러 세상을 보고 싶어, 많은 걸 배우고 싶어. 하지만 시골 고향집에서 그런 건 꿈도 꿀 수 없었다. 아아, 재미없어. 시시해. 이렇게 느낄 즈음에 생긴 일이다. 지요코가 여름방학을 맞아 다이의 가족이 오랜만에 이마주쿠에 오게 되었다. 도쿄 이야기를 잔뜩 들려 달라고 해야지. 지요코는 다니고 있는 우에노(上野)고등여학교 이야기를 들려주었다. 어떡하지? 너무 재밌을 것 같아. 나도 가보고 싶어. 다이의 가족이 도쿄로 돌아간 뒤로는 노에의 마음이 걷잡을 수 없게 되었다. 도쿄에 가고 싶어. 도쿄에 가고 싶다. 물론 그럴 만한 금전적 여유는 없다. 어떻게 하면 좋을까. 이토 집안의 가훈. 가난 따위 아랑곳없이 제멋대로 해라. 돈이 없으면 어딘가에서 어떻게든 구하면 된다. 눈치 볼 것 없어. 그래, 생각한 대로 가는 거야. 그저 놀고먹고 잘 수 있으면 되는 거지. 가자. 도쿄로.

이때부터 노에는 물불을 가리지 않았다. 고모부인 다이 앞으로 사흘이 멀다하고 편지를 보냈다. 넉 달 넘게 꾸준히 말이다. 달리 우체국 직원이었겠는가. 그 편지는 남아있지 않지만 이런 말이 쓰여 있었다고 한다.

나는 고모부, 고모를 진짜 제 아버지, 어머니라고 생각하고 있습니다. 지요코 언니도 진짜 언니 같아요. 저는 제 자신을 좀 더 시험해 보고 싶습니다. 더 많이 공부해 보고 싶습니다. 할 수 있다면 학문으로 세상에 나아가고 싶습니다. 제 인생이 이마주쿠 시골에서 끝날지도 모르지만, 그 전에 최소한 제 눈으로 도쿄를 제대로 보고 싶습니다. 어른이 되면 꼭 효도를 할 테니 부디 저를 우에노고등여학교에 보내주세요. 이 은혜는 반드시 갚겠습니다.[3]

노에의 편지 공격을 받고 고민에 빠진 것은 다이 쪽이었다. 이걸 어쩐담? 그 즈음 도쿄의 네기시(根岸)에 집을 마련한 다이는 셀룰로이드 가공 회사를 경영하는 한편, 집에서는 고학생을 데리고 있으면서 학교를 보냈다. 이른바 서생(書生)이다. 당시 자산가 중에는 그런 사람들이 많았는지 모르겠지만, 다이는 젊은이들을 키우는 데 관심이 있던 사람이었다. 그렇다고는 해도 그 젊은이라는 건 어디까지나 남자였다. 집에 데리고 있으면서 학교에 보내면 돈이 많이 든다. 게다가 노에는 여자이다. 친자식이라면 모를까, 일부러 남의 집 여식을 도쿄까지 데려와서 공부를 시키는 것이 무슨 의미가 있을까? 다이는 고민을 거듭하던 끝에 이웃에 살던 소설가 무라카미 나미로쿠(村上浪六)에게 의논했다. 노에의 편지를 읽은 무라카미는 그 자리에서 바로 "이 아이는 꼭 공부를 시켜야 하네"라고 대답한 모양이다. "당신이 싫다면 내가 그 아이를 돌보지"라고까지 말했다고 한다. 고마운 일이다. 다이준은 마음을 정하고 노에에게 허락하는 편지를 보냈다. 오너라, 우리 집으로 오너라.

1909년 11월 노에는 우체국을 그만두고 도쿄로 상경한다. 일단은 수험 공부부터 시작했다. 지요코와 같은 우에노고등여학교를 목표로 삼았다. 처음에 다이는 노에를 3학년에 편입시키려고 했으나, 노에는 지요코와 같은 4학년이 아니면 싫다고 도통 말을 들으려고 하지 않았다. 라이벌인 지요코에게 지기 싫었을 것이다. 하지만 다이는 이 일로 노에에게 완전히 질리게 된다. "이 녀석, 시험에 떨어지면 시골로 돌려보낼거야"라고 말했지만 노에는 한 발도 물러서지 않았다. "네, 좋아요." 노에는 지요코의 교과서를 모두 빌려 1학년부터 3학년까지 내용을 미친 듯이 탐독했다. 고모인 기치에 의하면 사흘 밤을 새우고 하루를 죽은 듯이 자고 나서는 멀쩡하게 일어났다가, 또 사흘 밤을 새우고 죽은 듯이 자고 하는 걸 계속 반복했다고 한다. 보고 있으면 조금 무서울 정도였다고 전해진다. 괴물이다. 지요코도 노에에게 공부를 가르쳐주었다. 1910년 3월, 시험을 친 노에는 보란 듯이 합격한다. 그것도 수석으로. 해냈다. 그리고 4월에 동경해 마지않던 여학교 생활이 시작되었다. 노에, 열다섯 살. 오늘부터 나는 도쿄 사람이 된다.

노에 생가 근처 마쓰바라해안(현재 모습)
(촬영: 고이 겐타로(五井健太郞))

스센지고등소학교 졸업기념사진. 앞 줄 가운데가 노에
출처:『定本 伊藤野枝全集』全四卷, 學藝書林, 二〇〇〇年.
(『정본 이토 노에 전집』제4권, 가쿠게이서림, 2000년)

다이 준스케 집에서 / 우에노고등여학교 시절의 노에
출처: 矢野寬治, 『伊藤野枝と代準介』, 弦書房, 二〇一二年.
(야노 간지, 『이토 노에와 다이 준스케』, 겐서방, 2012년)

서양 거지가 나타났다

1910년 4월, 이토 노에는 우에노고등여학교(현, 우에노학원)에 4학년으로 편입했다. 5년제 학교여서 2년 뒤면 졸업한다. 전교생은 150명 정도이다. 도쿄 시타마치(下町)* 출신 아이들이 많았다. 이 학교는 당시 여느 여학교들과는 달리 현모양처 양성을 목표로 하지 않았다. 학칙에는 '교육은 자율적으로 시행하고 각자 책임감 있게 행동할 것'이라고 되어 있어서 자신이 하고 싶은 일을 찾고, 스스로 배워 익히는 것을 모토로 삼았다. 이 교육방침은 교감인 사토 마사지로(佐藤政次郎)가 세운 것으로, 학교 전체에 자유로운 분위기를 만드는 것을 목표로 했다. 노에에게는 고마운 일이었다. 여자니까 이래라저래라 하

• 서민들이 많이 사는 거리.

는 일 없이 좋아하는 것을 맘껏 배울 수 있게 되었다.

덕분에 노에는 좋아하는 책 읽기를 멈추지 않았다. 학교가 끝나면 항상 어떻게든 우에노제국도서관에 들러 닥치는 대로 책을 읽었다. 책을 좋아하는 마음이 깊어지고 글까지 쓰게 되면서 문장력도 엄청나게 늘어 갔다. 학교에서는 『겸애타임즈(兼愛 TIMES)』라는 교내신문의 편집을 도맡아 여러 방면으로 글을 쓰고 등사판도 밀면서, 그것을 교내 여기저기에 붙였다. 노에가 글을 잘 쓴다고 소문이 나서 작문 수업 때 "이토, 너는 안 내도 된다"며 과제를 면제받기도 했다. 대단하다, 대단해, 노에!

하지만 노에는 밉살스러운 행동을 하기도 했다. 동급생인 하나자와 가쓰에(花沢かつゑ)의 말로는, 고스기 덴가이(小杉天外)*의 『마풍연풍(魔風戀風)』이라는 연애소설을 가슴에 안고 걷고 있을 때, 노에가 "너는 이런 걸 읽기엔 아직 일러"라며 억지로 빼앗았다고 한다. 그 일에 어지간히 화가 났는지 하나자와는 "노에는 고압적인 사람이었어요"라고 말했다. 그랬기 때문에 동급생들은 그녀를 싫어했고, 언제나 머리가 부스스해서 "쟤 머리엔 이가 득실득실해"라든가, 친구들에게 돈을 빌려 빵을 사 먹고 갚지 못했다는 이유만으로 "쟤는 못 믿을 애야"라는 말을 들었다고도 한다. 가엾기도 하지.

이렇듯 좋은 일도 나쁜 일도 있었지만, 이듬해 4월부터 노에의 학교생활은 완전히 즐거워졌다. 새로운 영어교사로 쓰

• 고스기 덴가이(1865-1952)는 일본 자연주의 소설의 선구자이다.

지 준(辻潤)이 부임했기 때문이다. 쓰지는 1884년 아사쿠사구 (浅草区) 고야나기하라(向柳原町)(현, 다이도구 아사쿠사바시 (台東區浅草橋)) 출신이다. 원래 집안은 할아버지의 유산으로 유복했지만, 아버지가 직장을 잃고 어머니는 낭비가 심한 사람이어서 쓰지가 열두 살 때는 이미 빈털터리가 되었다. 쓰지는 도쿄 가이세이(開成)중학에 다니다가 돈이 없어 중퇴했다. 그 후에 퉁소를 배워 전문가 수준의 실력이 되어서 그것으로 생계를 꾸려 나가려고 했지만, 스승이 "이걸로는 먹고 살기 힘드니 그만두는 편이 낫겠네"라고 해서 단념했다. 그리고는 이런저런 일을 해서 돈을 모아 열다섯 되던 해, 쓰지는 국민영학회(國民英學會) 야간부 영문과에 입학했다. 크리스찬이 되어 우치무라 간조(內村鑑三)●의 책을 읽기도 하고 무언가에 홀린 것처럼 닥치는 대로 소설을 읽어댔다. 낮에는 소학교에서 임시교사를 하거나 학원에서 영어를 가르치면서 야학을 다녔다고 하니 정말이지 부지런한 사람이다.

쓰지는 열여덟에 국민영학회를 졸업하고, 또다시 낮에는 일하고 밤에 히토쓰바시(一ツ橋)에 있는 자유영어학교에 다녔다. 니토베 이나조(新渡醴R造)●●의 수업을 듣기도 했다. 이즈음

● 우치무라 간조(1861~1930)는 메이지, 다이쇼시대에 그리스도교의 대표적인 지도자이자 종교가이다. 무교회주의 그리스도교 사상가를 배출하여 현대 일본 문화에 큰 영향을 끼쳤다.
●● 니토베 이나조(1862~1933)는 메이지와 다이쇼시대에 걸쳐 활동했던 사상가이자 기독교인, 농업 경제학자, 작가, 교육가, 외교가, 정치가이다. 1880년대 후반에 존스흡킨스대학원에서 국제정치학을 배웠고, 1900년에 영어로 『Bushido(武士道)』라는 책을 썼다. 여성의 교육을 중요시하여 여러 여자 대학을 설립했고, 교장직을 맡았다.

41

미야자키 도텐(宮崎滔天)*의 『33년의 꿈』을 읽고 감명받아 혁명운동에 관심을 가지게 되었다. 고토쿠 슈스이(幸德秋水)**의 글을 읽고, 『평민신문(平民新聞)』의 애독자가 되기도 했다. 20대 초반에는 고등소학교에서 교편을 잡으면서 글을 쓰거나 롬브로소***의 『천재론(天才論)』을 번역하기도 했다. 그리고 수많은 책을 읽었는데 특히 막스 슈티르너****의 『유일자와 그 소유』에 빠져 그의 신봉자가 되었다. 제멋대로 살아라. 아나키스트로, 에고이스트로. 이것이 노에에게도 지대한 영향을 미치게 된다.

이런 사람이 우에노고등여학교에 선생으로 왔다. 1911년 4월, 쓰지의 나이 스물일곱. 혈기왕성할 때의 일이다. 하지만 처음에는 여학생들에게 조롱거리였다. 언제나 구깃구깃한 모자를 쓰고 물 빠진 검은 가운을 걸치고 다녔다. 그래서 "저 사람 좀 이상하지 않아? 겉늙어 보이고"라는 말을 들었다고 한다. 그래서 붙은 별명이 서양거지. 너무하네, 너무해. 그러나 막상 영어수업이 시작되면 모두 순식간에 쓰지에게 사로잡혔다. 유창하게 영어로 말하고, 학생들이 지루해하면 오르간을

- 미야자키 도텐(1870-1922)은 일본의 사회운동가이자 혁명가로, 중국 혁명의 협력자이다.
- •• 고토쿠 슈스이(1871-1911) 일본의 사회주의자이자 무정부주의자로 노동자의 직접행동, 즉 총동맹파업을 주장하였다. 천황 암살을 모의한 '대역사건'의 주모자로 몰려 1911년 처형당했다.
- ••• 체사레 롬브로소(Cesare Lombroso, 1835-1909)는 형법학에 실증주의적 방법론을 도입한 이탈리아의 정신의학자·법의학자. 범죄인류학의 창시자이다.
- •••• 막스 슈티르너(Max Stirner, 1806-1856)는 독일의 철학자, 개인주의적 무정부주의자이다.

연주하면서, 여러 나라의 국가를 부르게 했다. 그런데도 심드 렁해 하면 느닷없이 퉁소를 들고 와서 불곤 했다. 퉁소 소리에 맞추어 부르는 국가. 얼마나 즐거웠을까.

무엇보다 쓰지의 수업은 잡담이 재미있었다. 구니기타 돗포(国木田独歩)*의 『무사시노(武蔵野)』부터 바이런의 연애시, 혼마 히사오(本間久雄)**의 문예 평론에 이르기까지, 자기가 읽 고 있는 책 이야기를 쉴 새 없이 해주었다. 쓰지는 특히 히구 치 이치요(樋口一葉)***를 좋아했는지 수업 중에 반드시 어딘가 한 구절은 들려주었다고 했다. 쓰지가 읽기 시작하면 학생들 은 "또 이치요야?"라며 키득거렸다. 그러면 쓰지가 머쓱해 하 며 "오늘은 그만할까?"하고 책을 슬그머니 덮은 적도 있었다 고 한다. 이런 영어수업이라니. 지적 호기심이 넘치는 학생에 게는 더할 나위 없이 즐거운 수업이었을 것이다.

특히 노에는 쓰지에게 푹 빠져 있었다. 때마침 쓰지가 『겸애TIMES』의 담당교사가 된 것을 계기로 노에는 항상 쓰 지의 곁을 떠나지 않았다. 방과 후에는 둘이 음악실에 가서 오 르간을 치며 노래를 부르다가 집에 가곤 했다. 등하굣길도 늘 함께했었는지 학교에서 이상한 소문이 돌기도 했다. 그렇지 만 그 무렵 쓰지는 다른 학생을 마음에 두고 있어서 노에는 안

• 구니기타 돗포(1871-1908)는 자연주의 문학의 선구자로 불리며 동시대 문 학가에게도 많은 영향을 미친 소설가이다.

•• 혼마 히사오(1886-1981)는 일본의 평론가, 영문학자이다.

••• 히구치 이치요(1872-1896)는 일본의 낭만주의 소설가이다. 당시 특권 계급 의 여성 소설가들은 상류 사교계 등의 협소한 세계를 소재로 삼거나 결혼을 주제로 한 작품을 구성했지만, 이치요는 이런 흐름에서 크게 벗어나 유곽 주변에서 살아가는 다양한 사람들의 삶과 고뇌를 다루었다.

중에도 없었다. 그 학생은 노에와는 우에노고등여학교의 동급
생이고 곱게 자란 주류상의 딸, 미소노 긴(御簾納キン)이다. 건
드리지는 않았지만 어떻게든 꾀어보려 했던 모양이다. 나중에
노에와 함께 살게 되었을 때 그 사실이 들통나서 혼쭐이 나기
도 했다. 화가 치민 노에가 실명을 소설에 쓸 정도였다. 나를
좋아한 게 아니었단 말이야? 화가 나서 못 참겠어! 너무 무섭
다. 안됐지만 남자란 원래 다 그런 걸 뭐.

노에, 해적이 되다

이제 곧 여학교 졸업을 앞두고 그해 여름에 고향에서는
아버지와 고모부 다이 준스케의 주선으로 노에의 혼담이 진행
되고 있었다. 스센지의 부농 스에마쓰 후쿠타로(末松福太郎)와
의 혼담이다. 후쿠타로는 미국에 살고 있었는데 마침 부인을
얻기 위해 돌아왔다. 노에가 고향에 돌아오자 아버지와 고모
부가 "엄청 부자란다. 좋아, 좋다니까"라며 강력하게 밀어붙
였다. 노에는 망설였다. 쓰지를 마음에 두고는 있었지만 그건
노에 혼자만의 생각일 뿐 그의 마음은 알 수가 없었다. 그 틈
을 파고들어 고모부가 미국에 갈 수 있다며 부추겼다. '미국?
미국에 갈 수 있다고?' 노에는 혹해서 혼담을 받아들인다. 8
월 22일에 후쿠타로와 약혼을 했다. 이제 자기네 며느리라며
스에마쓰 집안에서 졸업할 때까지 노에의 학비를 대주기로 했
다. 왠지 돈에 팔려 간 기분이다. 개운치 않은 마음으로 노에

는 도쿄로 돌아왔다.

그런데 청천벽력 같은 일이 벌어졌다. 후쿠타로가 일본에 돌아와서 농업을 잇겠다고 한 것이다. 노에의 기대는 산산조각이 났다. 말도 안돼. 이대로라면 시시한 농부의 아내가 되는 것이다. '엄격한 집안 같은데…. 절대로 책을 읽거나 글을 쓸 수는 없겠지? 제기랄, 이게 다 저놈의 후쿠타로 때문이야.' 생각하면 할수록 화가 치밀었다. 노에는 필사적으로 결혼을 그만두겠다고 했으나 고모 내외는 꿈쩍도 하지 않았다. 무슨 말을 해도 좋은 인연이라고만 할 뿐이었다. '도대체 누구를 위한 결혼인 거지? 무엇을 위한 결혼인 거냐고? 이 빌어먹을 인간들.' 이런 노에의 마음을 눈치챈 걸까? 스에마쓰 집안에서는 결혼을 서둘렀다. 2월 21일에 노에는 후쿠타로의 호적에 들어갔다. 망했다.

어쩌면 좋지? 노에는 곰곰이 생각했다. 어느 날 같은 반 친구가 졸업 후의 진로에 관해 묻자 노에는 이렇게 대답했다고 한다.

나는 졸업하면 규슈로 돌아가야 하니까, 당분간 너희들과는 이별이야. 그렇지만 반드시 도쿄에 다시 돌아올 거야. 그리고 평범하게 살지는 않을 테니 조만간 신문에서 보게 되겠지. 그렇지 않고 규슈에 남게 되면 현해탄에서 해적 여왕이 되어 아주 위태위태한 삶을 살지도 몰라.[4]

대단하다. 도쿄로 가서 명성을 떨치든가 현해탄에서 해적 여왕이 되든가. 졸업이 가까워지자 노에의 마음은 정해졌

백치가 되어라

다. 반드시 도망쳐서 보란 듯이 내 맘대로 살겠어. 실제로 계획을 세워두었던 모양이다. 졸업식이 끝나고 고향으로 가는 기차에 올라타 그대로 어디로든 가버리려고 했다. 아무도 모르게. 그러나 이 계획은 포기해야 했다. 1912년 3월 24일, 졸업식 이틀 전에 고모부 다이 준스케의 아버지가 돌아가신 것이다. 다이는 바로 나가사키로 돌아갔고 노에도 졸업식 다음 날 고모 기치, 사촌 지요코와 함께 하카다로 가야만 했다. 그리고는 그대로 스에마쓰가로 들어가게 된다. 망했다. 고모가 같이 있으면 도망칠 수 없어. 노에는 초조했다. 어떡하지? 어떡하지? 노에는 한 가지 방법을 생각해냈다. 좋아하는 쓰지 선생님에게 매달리자, 그 방법뿐이야.

3월 26일, 졸업식을 맞이했다. 축하해요, 노에. 식이 끝나자 노에와 쓰지는 언제나처럼 음악실에 가서 오르간을 치면서 노래도 불렀다. 그리고는 계획대로 쓰지에게 구구절절 신세타령한다. 집에서 억지로 결혼을 시키려 한다는 것도, 그것이 너무나 싫어서 참을 수가 없다고도. 쓰지는 가여워하기는 했지만, 마지막 날 밤늦게까지 둘만 있는데도 아무런 말이 없다. 이 사람 둔한 건가? 때마침 우에노미술관에서 쓰지가 좋아하는 화가의 전시회가 열리고 있어서 돌아가기 전에 보고 싶다고 했더니, 다음 날 아침에 가자고 했다. '그래, 결판을 내자.' 이튿날 아침에 둘이서 그림을 감상하고 미술관을 나왔다. 미술관 뒤쪽은 근사한 숲이다. 숲길을 천천히 걷던 노에가 갑자기 멈춰 섰다. 쓰지가 돌아보니 노에는 눈물이 그렁그렁한 채 울음을 꾹 참으며 오들오들 떨고 있었다. 너무 떨어서 이가 **46**

딱딱 부딪히는 소리가 났다. 안 되겠어. 더는 못 참아. 쓰지는 노에를 와락 껴안고 키스를 했다. 쓰지는 노에의 마음을 알고 는 있었지만, 따로 좋아하는 여자가 있는 데다가 성가신 일에 말려드는 것도 피하고 싶었을 것이다. 그러나 이것으로 상황 종료다. 선생님 제발.

그러나 쓰지는 노에에게 도쿄에 오라고 하지는 않는다. 애가 탄다. 일단 노에는 고향으로 돌아가기 위해 신바시(新橋) 역으로 향했다. 고모와 지요코가 기다리고 있었다. 그날은 사토 교감 선생과 같은 반 친구들이 모두 배웅 나와 있었다. 그 러나 정작 기차 시간이 되어도 노에가 오질 않는다. 쓰지와 함 께 있느라 한참이나 늦어진 것이다. 고모는 안절부절 못하며 화를 누르지 못하다가 노에가 뒤늦게 도착하자 호되게 질책 했다. 시끄럽게 빽빽대기는. 셋이서 기차에 올라 하카다로 향 했다. 하카다에 도착하니 고모부와 후쿠타로가 마중 나와 있 었다. 노에는 이때의 심경을 「제멋대로」라는 소설에서 다음과 같이 그리고 있다.

"그 남자가 와 있어, 그 남자가. 아아 싫다! 정말 싫다!"
그녀는 휙 뒤돌아섰다. 방금 타고 온 기차의 창문에 수많 은 여학생에게 둘러싸인 키가 큰 남자의 모습이 비쳤다. 도시 코는 그의 뒷모습을 뚫어지라 바라보았다.
"도시코"
경쾌한 사촌의 목소리에 뒤돌아보니, 그곳엔 남편 나가 타가 어정쩡하게 서 있었다. 그에게 목례를 하고 꼴도 보기 싫 은 숙부에게 인사를 했다. 거만한 숙부의 얼굴과 샌님같은 나

47
백치가 되어라

가타의 모습을 동시에 보고 있자니 그녀는 분노가 가득 차 올랐다.

　"즐거워야만 할 귀향 길—그것이 이처럼 괴로운 일이 된 것은 전부 숙부 탓이야. 숙부가 이렇게 만든 거야. 생판 모르는 나가타가 나의 모든 자유를 쥐고 있다는 건가?—나를—나를—누가 허락했지? 누가 허락했냐고. 나는 소중한 나 자신을 본 적도 없는 남자한테 함부로 내던진 적이 없어. 나는 나 자신을 그렇게 값싸고 우습게 여기지 않아. 나는—나는"[5]

　눈치챘겠지만 도시코가 노에, 나가타가 후쿠타로이다. 이 부분에 노에의 마음이 전부 드러나 있다. 아아 싫다, 정말 싫다. 저런 남자에게 나의 자유를 빼앗기다니. 나는 그렇게 싸구려 여자가 아닌데. 정말 그랬을 것이다. 노에는 일단 친정에 가서 가족들에게 자신의 심정을 남김없이 토해냈다. 고모부도 후쿠타로도 다 죽어버렸으면 좋겠다. 그렇지만 모두가 대수롭지 않다는 듯 받아넘긴다. 여동생 쓰타가 "언니, 결혼이라는 건 다 그런 거잖아"라고 하자 노에가 파르르 하며 "그럼 네가 대신 가면 되겠네"라며 쏘아붙였다. 그리고는 얼마 지나지 않아 스에마쓰 가문으로 들어갔다. 그러나 노에가 무슨 짓을 할지는 불 보듯 뻔하다. 도망쳐, 돌아오지 마. 그런 약속 따위 지키지 마.

오로지 섹스만

1912년 4월, 고향에 내려가서 아흐레째 되던 날에 노에는 몸에 지닌 것 하나 없이 스에마쓰 집안을 뛰쳐나왔다. 얼마 동안은 친구네 집을 전전했고, 고모인 사카구치 모토(坂口モト)에게 신세를 지기도 했다. 모토 고모와는 마음이 잘 맞아서 나중에 모토가 이혼하고 갈 곳이 없어지자, 노에는 오스기와 함께 살고 있던 집에 모토를 데려와 자신의 딸을 돌보게 하기도 했다. 노에가 가장 곤란했을 때 도와준 사람이었기 때문일 것이다. 그렇게 숨어 지낼 수는 있었지만 아무 것도 할 수 없었다. 노에는 여학교 시절 담임 교사였던 니시하라 가즈하루(西原和治)와 쓰지 준에게 도움을 청하는 편지를 보냈다. 스에마쓰 집안에서 노에를 보호해달라는 전보가 이미 학교에 와있었지만 그런 건 아무 상관이 없었다. 두 사람은 노에를 도와주기로 마음먹었다.

일단 니시하라가 돈을 보내주었다. 그런데 이때 노에는 조금 망설였다. 이대로 도쿄에 가도 괜찮을까? 이렇게 제멋대로 하면 부모님이나 친척들이 곤란해지지는 않을까? 아니, 그 뿐이 아니다. 쓰지는 어떻게 되는 걸까? 이렇게 도쿄에 가는 것에 대해 고민하고 있을 때 쓰지의 편지를 받았다.

이래 봬도 나는 남자라네. 자네 한 사람을 감당하지 못할 만큼 기개가 없지는 않다고 생각하네. 그러니 만약 자네의 아버지든 경찰이든 혹은 남편이라 칭하는 이가 상경하면 숨거나 도망치지 말고 당당히 말하게. 나는 비밀을 좋아하지 않네. 9일 자 편지를 S 선생에게 보여준 것도 내가 무언가를 감추는 것을 싫어하기 때문이네. 또 간통 같은 어처구니없는 오해를 사고 싶지 않아서였네. 여차하면 나는 내 지위를 버릴 수도 있네. 나는 어디까지나 자네 편이 되어 인습을 타파하는 일을 계속하고자 하네.[6]

멋있어도 너무 멋있다. 내가 어떻게든 다 해줄테니 어서 자기에게 오라는 말이었다. 노에는 편지를 받자마자 도쿄로 향했다. 그리고 당시 스가모쵸(巢鴨町) 가미코마고메소메이(上駒込染井, 현 도시마구豊島区)에 있는 쓰지의 집을 찾아간다. 거기에는 그의 어머니 미쓰와 여동생 쓰네도 같이 살고 있었는데, 대장부 기질의 어머니는 맨몸으로 집을 나온 노에의 모습을 보고 불쌍하니 집에 들이자고 말해주었다. 고마운 일이다. 하지만 이후로 쓰지는 엄청난 비난을 받는다. 스에마쓰가에서는 두 사람을 간통죄로 고소할 거라는 편지를 보내왔다. 인용문에 나온 S 선생은 교감인 사토 선생인데, 이 사람을 믿은 것이 가장 큰 실수였던 것 같다. 사토 선생은 평소에 낡은 관습 따윈 아무 필요 없다, 사람은 모두 자유롭게 살아가야 한다고 말하던 사람이었기에 어려운 일이 생기면 힘이 되어주리라 생각했지만, 전혀 그렇지 않았다.

쓰지는 노에가 도쿄에 왔을 때 사토 선생에게 "우리 집에 노에가 숨어있으면 말들이 많을 테니 그 댁에서 지내면 안될까요?"라고 물었고, 그는 일단은 알겠다고 했다. 하지만 사토 선생은 두 사람의 관계를 그리 바람직하다고 생각하지 않아서 결혼한 여자를 건드리는 건 파렴치한 짓이라는 등, 감정적으로 되어서는 안 된다는 등 잔소리를 해댔다. 게다가 사토가 말을 흘린 것인지, 학교에 가니 교장 선생이 불같이 화를 내며 "간통할 거면 학교를 그만두고 하시게!"라고 말했다. 아, 성가셔. 쓰지는 질리고 말았다. 도대체 다른 사람의 부인을 건드렸다고 한들 뭐가 그리 나쁘단 말인가? 불륜 만세, 음란 좋아. 모든 인습은 타파해야 한다. 쓰지는 그 길로 사직서를 내고 학교를 떠났다. 근성, 근성, 고집스런 근성!

아, 사고 쳤네. 쓰지는 처음에 분명 그렇게 생각했을 것이다. 할 일이 없다. 시간은 많다. 어찌 된 일일까? 문득 돌아보니 집에는 노에가 있다. 그럼 해야 할 일은 한 가지밖에 없다. 섹스, 섹스다. 오로지 섹스에 몰두하는 것이다. 쓰지와 노에는 밤낮없이 섹스했다. 어지간히 즐거웠던지 쓰지는 그때 일을 다음과 같이 묘사했다.

소메이(染井) 숲에서 나는 태어나서 처음으로 노에와 진짜 연애를 했다. 우리는 갈 수 있는 데까지 갔다. 밤낮을 가리지 않고 정염(情炎) 속에 몸을 던졌다. 나는 처음으로 살아있음을 느꼈다. 그때 내가 정사(情死)*했다면 얼마나 행복했을까. 그걸 생각하면 나는 그저 노에에게 감사할 뿐이다.[7]

• 정사(情死)는 서로 사랑하는 남녀가 그 뜻을 이루지 못하여 함께 자살하는 일을 말한다.

놀라운 것은 이 글이 1923년 노에와 오스기가 살해당한 직후에 쓴 추도문 성격의 글이라는 것이다. '그때 나는 노에 씨와 정열의 불꽃을 불태웠습니다. 죽어도 좋다고 생각했습니다. 그것만으로도 행복했습니다. 노에, 고마워.' 역시 쓰지 준이다. 눈물을 흘리게 만드는구나. 나도 경험이 있지만 그런 애욕에 빠져 있을 때 사람은 사소한 일 따위 아무래도 상관이 없어진다. '지금 죽어도 좋아, 죽을 거야.' 같은 말이 입에서 나올 때는 미래나 인생 설계 따위는 어떻게 되건 개의치 않는다. 쓰지는 이런 감각에 솔직한 사람이었다. 계속 이대로 있었으면 좋겠어. 하고 싶은 것만 할거야. 좋아하는 퉁소를 불고, 글을 쓰고, 번역만 하면서 살아가겠어. 그렇게 할 수만 있다면 죽는 것이 무슨 대수랴. 학교를 그만둔 후 쓰지는 직장을 가진 적이 한 번도 없다. 지금 우리가 알고 있는 니힐니스트, 다다이스트로서의 쓰지는 이때 태어났다고 해도 과언이 아닐 것이다. 노에 덕분이다. 틀림없이.

누가 좀 도와주세요, 도와주세요

그렇다고는 해도 주변 사람들의 공격이 좀처럼 사그라들 기미가 보이지 않는다. 여전히 스에마쓰 집안이 간통죄로 고소할지도 모를 일이고, 노에 집안에서는 고모 내외가 찾아와 끈질기게 노에를 설득하려고 했다. 사랑이든 뭐든 너는 열병에 시달리고 있는 거다, 우리가 이러는 건 다 너를 위해서다, 이보다 너에게 더 좋은 결혼 상대는 없다고 말이다. 그래도 노에는 고개를 끄덕이지 않았다. 그러자 이번엔 주변에 민폐 끼칠 걸 생각해 봐라, 너희 집안이 주변 사람들에게 어떤 소릴 들을지 알기나 하냐, 내 체면을 구길 셈이냐, 네 학비도 너를 며느리로 맞이할 집안에서 이미 대주고 있지 않으냐 따위의 말들이 쏟아졌다. 스에마쓰 집안이 마음을 독하게 먹으면 쓰지나 노에 정도 무너뜨리는 건 일도 아닐 것이다. 고모 내외가 노에를 걱정해 준 건 사실이었을 테지만, 노에나 쓰지는 '웃기시네, 해볼 테면 해봐라'는 정도로밖에 여기지 않았다. 두 사람에겐 결혼을 강요당하는 것 자체가 납득할 수 없는 일이기 때문이다.

하지만 그들의 의지가 아무리 굳건하다 한들, 주변에서 이러쿵저러쿵 계속해서 비난을 받다 보면 정신적으로 힘들어지기 마련이다. 누구도 자신들의 편을 들어주지 않고 돈이 떨어지고 집안 형편이 어려워지기 시작하면 점점 더 고립감이 심해진다. 누가 좀 도와주세요, 도와주세요. 노에는 지푸라기라도 잡는 심정으로, 청탑사(靑鞜社)*를 세우고 잡지『청탑』을 출간하고 있었던 히라쓰카 라이초(平塚らいてう)에게 편지를 보냈다.『청탑』은 '여자는 남자의 말을 따르기만 하면 된다'는 인습을 타파하고, 억눌려왔던 여성들의 문예와 사상의 재능을 더욱더 꽃피우자고 주장하는 잡지였다. 이 사람이라면 분명 힘이 되어 줄 거야. 그렇게 믿고 필사적으로 편지를 썼다. 나중에 라이초는 노에에게 받은 편지에 대해서 다음과 같이 말한다.

• 청탑사(靑鞜社)는 1911년에 히라쓰카 라이초를 중심으로 결성된 여류문학사, 페미니스트 단체이다. 기관지『청탑(靑鞜)』을 발행하고, 부인해방운동을 전개했다.

봄이 한창이었을 때로 기억합니다만, 규슈에 사는 한 소녀로부터 장문의 편지가 왔습니다. 우표를 세 장 붙인 묵직한 봉투에, 펜글씨로 보낸 사람의 이름이 적혀 있었습니다. '후쿠오카현 이토시마군 이마주쿠마을, 이토 노에'라고 꾸밈없이 또박또박 쓴 글씨였습니다. 청탑사에는 종종 누군지 모르는 여성으로부터 자신의 처지에 대해 상담을 요청하는 장문의 편지가 오곤 했는데, 하나하나 답장을 할 수 없을 정도였습니다. 그러나 노에의 편지를 읽어본 후에 저는 노에가 온몸으로 자신의 고민과 맞서는 듯한 내용에 엄청난 충격을 받았습니다.

그 편지는 자신이 살아온 삶, 성격, 받아왔던 교육, 자신이 놓인 처지—특히 현재 친인척에게 강요당하고 있는 결혼에 대한 괴로움 등을 호소하는 내용이었는데, 거기에는 도덕, 인습에 대한 거의 무의식적인 반항심이 맹렬하게 들끓고 있었습니다.[8]

상당히 박력이 넘치는 문장이었을 것이다. 라이초가 받은 수많은 편지 중에서도 노에가 보낸 것은 한층 빛나는 무언가가 있었다는 소리다. 맹렬하게 들끓는 반항심. 노에는 자신의 전부를 라이초에게 내보였을 것이다. 며칠 후에, 노에는 라이초의 집을 찾아갔다. 라이초는 편지의 주소를 보고 규슈에 사는 사람일 거라고 생각했기 때문에 노에의 방문에 적잖이 놀랐다고 한다. 라이초가 본 노에는 작은 체구에 다부진 몸매, 통통하고 둥근 얼굴에 크고 부리부리한 검은 눈동자가 빛나는, 야성미 넘치는 모습이었다고 한다. 생명력 가득한 시골 소녀. 그렇지만 그저 평범한 소녀가 아니다. 노에는 첫 대면임에도 라이초에게 거리낌 없이 자신이 말하고자 하는 것을 조리 있게 말했다. 정열적인 매력이 철철 넘친다. 아아, 여성이 인습에 맞선다는 것은 이런 걸 두고 하는 말일까? 청탑사는 어떻게든 이 소녀를 도와야 한다. 라이초는 그렇게 생각했다. 노에는 하고 싶었던 말을 다 쏟아내고, 홀가분한 듯 "일단 고향으로 돌아가서 부모님을 설득하고 오겠습니다"라며 돌아갔다고 한다. 멋지다.

　　1912년 7월 말, 노에는 고향으로 돌아가 본격적으로 스에마쓰 후쿠타로와의 이혼 준비에 들어갔다. 우선은 부모님과 고모 내외를 설득해 보았지만 어림도 없었다. 지금도 마찬가지지만, 시골의 친척이라는 작자들은 연배가 낮은 사람들의 말은 귓등으로도 들으려 하지 않는다. 가르치고 타일러야 할 상대로만 생각하기 때문이다. 이쪽의 논리는 통하지 않는다. 이래서는 아무래도 무리일 듯하다. 교섭은 실패로 끝났다. 게다가 여비가 떨어진 탓에 도쿄에 돌아갈 수도 없게 되었다. 쓰지에게 부탁해 보겠지만 그도 가진 돈이 없을 거다. 일하지 않기 때문이다. 망했다. 이 상황에서 친정에 머무는 건 지옥에서 지내는 것과 다름없다. 집에 있으면 숨이 막힐 것만 같아서, 매일 바닷가를 걷고 물보라를 바라보며 원통한 마음에 눈물을 흘렸다. 젠장, 젠장. 차라리 이대로 죽어버릴까? 이런 생각들을 엮어낸 것이 나중에 데뷔작이 되는 「동쪽의 바닷가(東の渚)」라는 시다. 말이 나온 김에 전문을 소개해 둔다.

> 동쪽 해변 저 멀리 떨어진 바위,
> 그 갈색 바위의 등에,
> 오늘도 날아든 게쓰브로우여,
> 어째서 너는 그렇게
> 슬픈 목소리로 울고 있느냐.

너의 짝은 어디에 갔나
너의 잠잘 곳은 어디에 있나
이제 해가 지려고 한다— 자, 보아라,
저—저 먼 바다 옅은 안개를,
언제까지 너는 거기에 있으려나.
바위와 바위 사이에서 높이
저 소용돌이 치는 무서운,
그 바다 위를 게쓰브로우여,

언제까지 너는 바라보고 있을 것인가
저— 저 의지할 곳 없는 울음 소리—
바다의 소리마저 그렇게
어서 돌아가라고 꾸짖고 있건만
언제까지 거기에 머물 셈이냐.
무엇이 그리 슬픈가 게쓰브로우여,
이제 막 해가 저문다— 저 파도가—

나의 사랑스러운 게쓰브로우여,
네가 안 가면 나도 안 간다
너의 마음은 나의 마음
나도 역시 울고 있다,
너와 함께 여기에 있다.

아, 게쓰브로우여, 언젠가 그 일로
그냥 죽어버려요! 그 바위 위에서—
네가 죽으면 나도 죽을 테야.
어차피 죽는다면 게쓰브로우여,
슬픈 너와 함께 저 소용돌이 속으로—[9]

이 시는 형편없다는 평가를 받기도 한다. 확실히 아름다운 시는 아니다. 그래도 뭐랄까, 웃음이 새어 나온다고 할까, 한 번 보면 절대 잊을 수 없는 시라는 생각이 든다. 노에, 시, 끝내 준다. 쓰여 있는 의미는 있는 그대로다. '게쓰브로우'는 바닷새를 말하는 것일 텐데, 계속 거친 파도를 바라보고 있자니 그 모습이 자신의 처지와 겹쳐져서 네가 죽으면 나도 죽겠다는 것이다. 물론 그냥 바위 위에서 죽는 건 아니다. 어차피 죽는다면 거친 파도 속으로, 소용돌이 속으로 힘껏 뛰어들어보자고 말하고 있다. 어차피 부모와 친척들을 설득할 수 없다면 엉망진창으로 날뛰어줄 테다.

무엇 때문에 태도가 돌변했는지는 모르겠지만 노에는 라이초에게 편지를 보냈다. 도와주세요, 도와주세요. 편지를 읽은 라이초는 더 이상 그냥 내버려 둘 수가 없었다. 곧장 돈을 마련했다. 처음에 라이초는 쓰지와 의논을 해보려고 했지만 쓰지가 이사를 가 버린 탓에 연락이 닿지 않았다. 며칠을 수소문한 끝에 그를 찾아내서 돈을 보내주었다고 한다. 부처가 따로 없다. 노에는 9월이 되어서야 도쿄로 돌아올 수 있었고, 돌아오자마자 바로 청탑사를 찾아갔다. 물론, 라이초에게 감사의 인사를 하기 위해서다. 그런데 생각지도 못한 제안을 받게 된다. "좋은 기회이니 여기에서 일해보지 않겠어요? 청탑사의 사원이 되어 편집일을 도와준다면 적지만 급료도 줄 수 있어요"라고 말이다. 쓰지가 일하지 않고 있다는 걸 알고 있기에 해 준 제안이다. 고마운 일이었고 흔쾌히 수락했다. 노에는 10월부터 청탑사에 드나들게 되었는데 매월 10엔의 급료를 받았다. 라이

백치가 되어라

초는 경리일을 하던 야스모치 요시코(保持研子)에게, 노에의 급료를 올려줄 수 없겠냐고 말해보았지만 그런 돈이 어딨냐며 한소리 들었다고 한다. 라이초, 정말 부처님이다.

자, 이렇게 해서 노에의 청탑사 시대가 시작되었는데, 그전에 스에마쓰 집안과는 어떻게 되었는지 언급해 두자. 그 후 고모 내외가 다시 노에를 설득하려고 찾아왔지만, 노에는 들으려 하지 않았고 그들은 결국 설득을 포기했다. 사랑스러운 조카딸이 이렇게 결심을 굳혔으니 어쩔 도리가 없다. 노에는 혼자서 집안의 문장(紋章)이 새겨진 하카마 정장을 하고 배에는 무명을 두른 채 스에마쓰 집안에 찾아간다. 할 일은 이미 정해져 있다. 무릎 꿇고 사죄하는 것이다. "그동안 내 주신 학비와 약혼선물로 받은 돈은 두 배로 돌려드리겠습니다. 그러니 아무쪼록…"이라며 머리를 숙였다. 처음에 스에마쓰 집안은 받아들이지 않겠다는 식으로 나왔지만, 다시 머리를 조아렸다. 그래도 이러쿵저러쿵 말이 나오자 이번엔 "간통죄로 소송하는 것도 뭔가 파렴치하죠"라며 협박을 해 본다. 압승이다. 1913년 2월 11일, 노에는 드디어 스에마쓰 후쿠타로와 이혼할 수 있게 되었다. 축하할 일이다. 축하할 일이고말고. 그렇지만 이것으로는 치미는 부아를 참을 수 없는 것이 노에다. 전혀 나쁜 짓을 하지 않았는데도 엄청난 곤욕을 치렀다. 용서할 수 없어, 용서 못 해. 이때부터 노에는 붓 한 자루를 무기로 결혼 제도나 사회 도덕과 대결하게 되었다. 당한 만큼 갚아줘라.

연애는 불순하지 않다, 불순한 건 결혼이다

앞에서 말한 대로 노에는 『청탑』을 통해 「동쪽의 바닷가」(1912년 11월)로 등단했다. 편지를 읽은 라이초는 노에의 재능을 알아봤을 것이다. 그래서 어린 노에에게 아낌없이 지면을 할애해 주었다. 노에는 한 번 마음 먹으면 거침없이 해내는 성격이었지만 이혼이 성립될 때까지는 조용히 죽어지냈다. 그러다가 자기에게 일어난 일들을 글로 쓰기 시작한 것은 1913년이 끝나갈 즈음이었다. 앞서 인용한 것처럼 자전소설인 「제멋대로(わがまま)」(1913년 12월), 「출분(出奔)」(1914년 2월) 등을 써서, 자신에게 심하게 대했던 친척이나 스에마쓰 집안으로부터 당했던 일을 모조리 폭로해 그들을 공격했다. 무시무시하다.

이걸로 끝이 아니었다. 노에는 공격의 고삐를 늦추지 않았다. 사랑하는 쓰지에게 부당하게 대했던 우에노고등여학교에도 한 방을 날렸다. 「S 선생에게」(1914년 6월). 이것은 여학교 시절 교감이던 사토 마사지로 선생을 향하여 쓴 문장이다.

> 선생님의 말씀을 들으면—수업에서는—사회나 도덕이나 인습 따위를 강하게 배척한다고 생각했습니다. 하지만 현실문제에 있어서 선생님은 너무나 완고했습니다.[10]

말하자면 수업에서 자유주의자처럼 낡은 관습에 얽매이지 말라, 자유롭게 살라고 말했던 S 선생 자신이, 실제로는 말과 행동이 다르지 않냐는 것이다. 본인이 싫어하는 결혼을 강제하거나, 노에를 비호하는 쓰지를 나 몰라라 했던 S 당신도 별 볼 일 없다는 소리다. 구태의연한 가족제도. 여자와 아이는 주인인 남자의 말을 따라야 한다. 모두 주인의 소유물로 아내는 남편이 돌보고, 아들은 대를 이어 아버지를 돕고, 딸은 좋은 집안으로 시집을 가서 가문의 결합을 통해 더욱 강력한 집안이 되어야 한다. 딸에게 좋은 인연이란 가문의 번영이 걸린 일로, 상대가 돈이 많은지 명문가인지가 중요해서 본인의 의사와는 아무 상관이 없었다. 이런 바보 같은 방식을 따르는 것이 이른바 '도덕'이라는 것이다.

　　선생님은 도덕이라는 것을 지키지 않는 인간은 살아갈 가치가 없다고 생각하나요? 신이 아닌 이상 어느 누구도 그렇게까지 완벽하게 살 수는 없어요. 선생님도 도덕을 모욕한 적이 없다고는 할 수 없을 겁니다. 도덕이 반드시 진리는 아니라고 생각해요. 신은 결코 그런 도덕이라는 올가미를 만들었을 리가 없겠지요. 필요에 따라 생겨난 것이라면 필요에 따라 없애도 문제가 없을 거예요. 인간의 본성을 죽이거나 무시하는 도덕은 마땅히 없애도 된다고 생각합니다.[11]

좋아하는 사람을 좋아해서는 안 된다니, 너무나 불합리하다. 지금 '이 불합리함이 도덕이라 불리는 것이라면 먼저 파괴하는 걸로 시작해 볼까요, 선생님?' 이렇게 외치고 있다. 똑똑한 제자다. 하지만 그렇게 말했더라도 아직 결혼이란 가족을 위해, 부모를 위해 해야만 하는 것으로 생각하는 사람이 많던 시대이다. 본인의 의지가 어떠하더라도 연애를 해서 좋아하는 상대와 결혼하고 싶다고 말하는 것은 아이가 투정을 부리는 것과 같아 응석이라고 여겨진다. 하지만 노에는 그것이 훌륭한 일이라고 우기려는 듯이 다른 글에서 이렇게 말하고 있다.

사람들이 우리를 응석쟁이라고 부르거나 제멋대로 군다고 말하지만, 잘 생각해보면 우리보다도 주위 사람들이 더 제멋대로입니다. 나는 버릇이 없다는 얘기를 들을 정도로 내가 하고자 하는 것을 거침없이 하지만, 그렇다고 해서 다른 사람들의 욕망을 방해하지는 않습니다. 내 욕망이 다른 사람의 욕망과 부합하지 않는 경우를 제외하고는, 다른 사람이 하고 싶어하는 것을 경멸하거나 방해하지는 않습니다. 자신의 욕망을 존중하는 것처럼 타인의 그것도 인정합니다. 하지만 세상에는 이런 생각을 하는 사람이 그다지 많지 않습니다. 누구나 자기가 하고 싶은 일은 맘껏 하면서도, 남이 하고 싶어 하는 일은 하지 못하게 합니다.[12]

사람들은 모두 제멋대로다. 철저히 그렇게 하라고 말하고 싶다. 자유롭게 생각하고 자유롭게 행동하라. 중요한 것은 서로의 욕망을 인정해 주는 것. 그것이 전부다. 하지만 이 세상에는 자기는 제멋대로 굴면서 다른 사람에게 복종을 강요하는 나쁜 놈들이 너무나 많다. 게다가 참을 수 없는 건, 그들이 억지로 시키는 일인데도 그것이 당연하다는 듯이, 도덕적이라는 듯이 구는 것이다. 그 전형이 결혼제도이다. 결혼은 집안을 위해서라는 둥, 딸의 좋은 인연을 위해서라는 둥 말하지만 여자, 아이 할 것 없이 집안의 소유자인 주인의 이익을 따를 뿐이다.

집안을 일으킨다는 것은 주인의 사회적 지위를 높이는 것이고, 딸을 주고받는 것은 주인의 재산을 늘리는 일이다. 이것이야말로 제멋대로 아닌가? 그런 것을 다른 사람에게 강요해서는 절대 안 된다.

노에의 주인은 고모부였다. 물론 고모부는 노에를 여학교에 보내준 은인이기도 하다. 하지만 그건 어디까지나 친절을 베푼 것이고 그의 뜻을 따를 필요는 전혀 없다. 따를쏘냐! 집안의 사정 따위 아랑곳없이 좋아하는 사람과 연애하고 원 없이 섹스하면 그걸로 족하다. 세상 사람들로부터 부도덕하다는 힐난을 받을 수도, 양심 없는 행동이라는 말을 들을 수도 있다. 하지만 그런 말을 가만히 듣고만 있을 노에가 아니다. 노에는 「모순연애론(矛盾戀愛論)」(1915년 1월)에서 자신의 주장을 이렇게 펼치고 있다.

자유연애가 죄악으로 여겨지는 이유는, 종래의 결혼 절차가 타인 즉 중매인이나 쌍방의 부모 혹은 친척들에 의해 진행되는 데 있어서, 본인들의 진심 어린 연애가 방해되는 경우가 많기 때문입니다. 고로 대부분의 사람은 이런 불합리한 결혼의 형식을 타파하지 않고 자신들의 이해관계에 따라 본인들의 감정을 무시한 채, 많은 경우 자유연애가 부모나 다른 이들을 곤란하게 하거나 불효의 죄를 저지르는 것이라며 연애를 죄악시하는 것입니다.[13]

연애가 나쁘다고 하는 건, 집안과 주인의 이익에 반하기 때문이다. 사실 나쁜 짓을 한 건 아니다. 사람이 사람을 좋아해

62
마을을 불살라

서 함께 하는 일이 무엇이 나쁜가, 거기에 무슨 문제가 있는가? 오히려 집안을 위해, 재산을 늘리려고 서로 사랑하라고 하는 것이 더 지탄받을 일 아닌가? 연애는 불순하지 않다. 불순한 것은 결혼이다. 이 글에서 노에는 강제된 결혼에 반대하고 있는 것일 뿐, 아직 결혼제도 그 자체를 반대하는 것은 아니다. 하지만 머지않아 무언가를 위해서가 아니라, 그저 좋아서, 그저 섹스를 하고 싶어서라는 순연한 생각으로 돌진해 나간다. 그것으로 족하다는 노에의 사상은 머지않아 결혼제도 그 자체를 부정하게 된다. 중요한 것은 단 하나. 철저히 내키는 대로 사는 것이다. 그것을 방해받는다면 수단과 방법을 가리지 않겠다.

궁극의 야반도주

그러나 누구나 노에처럼 할 수는 없다. 주변 사람들과 항상 치열하게 부딪히며 싸우는 것은 정말이지 힘든 일이다. 이건 아닌데 하면서도 주변을 보면 무의식중에 사회가 정한 도덕에 따르게 된다. 더욱 무서운 것은 한 번 그 도덕에 얽매이면 좀처럼 빠져나올 수가 없다는 사실이다. 이렇게 해야 한다, 이렇게 하는 게 좋은 거다. 하고 싶지 않아도 결국엔 질질 끌려다니게 된다. 아아, 괴롭다. 솔직히 노에도 그러한 마음을 잘 알고 있었다. 노에 자신이 그렇지는 않았지만 가까운 사람이 이런 문제로 괴로워하다가 끝내 자살했기 때문이다.

노에에게 다정하게 대해 주었던 스센지고등소학교 시절

의 담임, 다니(谷)라는 여교사를 기억하는가? 도쿄에 진출한 자기의 제자가 부러웠는지 노에가 우에노고등여학교에 들어가고 나서도 이따금 편지를 보냈다. 인생 상담 같은 편지가 많았는데, 오히려 제자인 노에가 "선생님 힘내세요"하며 기운을 북돋우는 답장을 했다. 그러나 노에가 스에마쓰 집안과의 결혼문제로 옥신각신하던 바로 그때, 선생님은 홀로 연못에 몸을 던졌다. 이럴 수가, 쇼크다. 선생님은 왜 죽어야만 했을까? 노에는 선생님에게 받았던 편지를 다시 읽어보고 그 이유를 알았다. 도덕 때문이야. 도덕이 나쁘다. 선생님은 나와는 다른 식으로 도덕과 싸웠고 그래서 죽음을 택한 거야. 노에는 그 일을 「유서의 일부에서(遺書の一部より)」(1914년 10월)라는 글로 써서 발표했다. 자살한 선생님의 입장이 되어 유서를 창작한 것이다. 아주 좋은 문장이기에 상세히 소개하고 싶다.

> 나의 모든 것은 오로지 굴종입니다. 사람들은 나에게 고분고분하다고 칭찬합니다. 상냥하다고 칭찬합니다. 내가 얼마나 괴로워하는지도 모르고 말이죠. 나는 그런 말을 들으면 기분이 나쁩니다. 그러나 희한하게도 나는 더욱더 고분고분해지지 않을 수 없습니다. 상냥해지지 않을 수 없습니다.[14]

여자는 이래야 한다, 고분고분 하라는 소리를 들으면, 속으로는 그러고 싶지 않아도 결국 그렇게 행동하게 된다. 더구나 칭찬을 받으면 왠지 기뻐서 더욱더 고분고분해진다. 말하자면 도덕에 얽매여서 도저히 도망칠 수가 없는 상황을 '나의 모든 것은 오로지 굴종입니다'라고 표현하고 있다. 괴롭다.

나는 단 하루라도 오늘이야말로 나의 날이구나 하고 행복을 느낀 적이 없습니다. 내가 뒤집어쓰고 있는 껍데기가 너무나 싫으면서도 그것에 매달려 그것 때문에 고통받으며 죽는 것입니다. 나에게는 언제까지나 그 껍데기가 들러붙어 있어서 더더욱 옴짝달싹할 수가 없습니다.[15]

주위로부터 칭찬받을 만한 행동만 하는 사이에 어느 집안의 딸, 맏딸, 여자, 여교사라는 껍데기가 덧씌워졌다. 꼼짝달싹할 수 없다. 자신의 일을 스스로 결정할 수 없다. 다른 사람이 정해 놓은 하루를 항상 웃는 얼굴로 감내한다. 단지 그뿐이다. 아아, 괴롭다. 어떻게 하면 좋을까? 노에처럼 맹렬하게 싸울 용기는 조금도 없다. 그러나 이런 사람도 할 수 있는 건 있다.

나는 나약하지만 우는소리를 하지는 않습니다. 당신도 그것을 수긍해 주세요. 나의 최후의 처결(処決)이야말로 나 자신의 처음이자 마지막인 진실한 행동임을 기뻐해 주세요. 이 처결이 내가 살아있었다는 진정한 의의를 처음으로 분명하게 하는 것입니다. 나의 몸과 생명을 동여매고 있는 줄을 끊어냄과 동시에, 모든 방면에서 지금까지 빼앗겼던 자유를 한꺼번에 되찾는 것이에요. 부디 이런 나를 위해서 일절 넋두리는 하지 말아주세요.[16]

직접행동으로써의 자살이다. 직접행동이라는 것은 자신의 몸과 마음을 다른 사람이 멋대로 휘두르게 두지 않고 자신의 일은 스스로 결정하겠다는 의지를 보여주는 행위이다. 부모와 친척들이 시키는 대로 결혼하라는 도덕에 얽매였을 때 노에는 야반도주를 함으로써 그 의지를 보여주었다면, 다니 선생은 그러한 의지를 자살로 보여준 것이다. 그저 가엾기만 한 죽음의 방법을 택한 것이 아니다. 자신의 생명을 동여매고 있는 줄을 스스로 끊어내고 자신의 생사를 스스로 결정한 것이다. 처음이자 마지막이며 되돌아갈 길 없는, 말하자면 궁극의 야반도주다. 한 번쯤은 자신도 마쓰하라 바다에 몸을 던지려고 했던 노에이다. 선생의 심정을 사무치게 잘 알았으리라. 물론 죽지 않았다면 좋았을지 모른다. 주위의 시선을 의식하며 살아가는, 도덕에 얽매인 자신만 죽이면 되는 거니까. 노에는 그런 자기의 감정과 함께 선생의 심경을 다음과 같이 정리하고 있다.

> 당신은 그 무엇에도 구속받지 않는 강한 사람으로 살아주세요. 그것만을 바랄 뿐입니다. 굴종은 정말이지 자각 있는 자가 할 짓이 못됩니다. 나는 당신의 열정과 용기를 신뢰해서 이렇게 바랍니다. 잊지 말아 주세요. 다른 사람에게 칭찬받는다는 것은 아무것도 아닙니다. 내 피를 쥐어짜고 내 살을 도려낼 때 사람들은 기뻐합니다. 칭찬합니다. 칭찬받는 것이 삶의 보람이 아니라는 것을 잊지 말아 주세요. 누구에게도 집착해서는 안 됩니다. 그저 온통 나 자신에게만 집중해서 나의 욕망을 찾아내세요. 내가 할 말은 이것뿐입니다. 나는 이제 아무것도 생각하지 않습니다.[17]

중요한 것은 이 궁극의 야반도주에 걸었던 절실함을 제대로 받아들이는 것이다. 다른 사람의 칭찬 따위는 아무래도 상관없다. 그 무엇에도 얽매이지 않고 단지 자신에게만 몰두하면 되는 것이다. 민폐를 끼칠까 봐 신경 쓰지 마라. 하고 싶은 일만 하겠다. 그럴 수 없다면 그길로 달아나는 거다. 야반도주의 철학. 도망쳐라. 돌아오지 마라. 약속 따위 지키지 마라. 여자는 이래야 한다, 사회가 만든 약속을 지켜라, 그런 건 내 알 바 아니다. 그따위 약속은 대부분 다른 사람이 강요한 것일 뿐이다. 아무것도 생각하지 않아도 된다. 신중하지 않아도 된다. 어디로 가게 될지 알 수 없지만 모든 것이 없어질 때까지 오로지 시커먼 어둠을 향해 질주하면 된다. 눈앞은 암흑. 끝없는 암흑. 노에가 점점 검어진다. 나는 나 자신을 무(無) 위에 놓았다. 자신의 일은 스스로 결정한다. 약해 빠진 소린 하지 마라. 제멋대로 해라. 미래는 검게 물들고 있다.

쓰지 준과의 사이에서 태어난
장남 마코토와 노에
출처: 『定本 伊藤野枝全集』全四卷, 學藝書林, 二〇〇〇年.
(『정본 이토 노에 전집』 제4권, 가쿠게이서림, 2000년)

친척들과 함께.
왼쪽부터 사촌동생 사카구치 기미, 노에, 마코토, 쓰지 준, 고모 와타나베 마쓰
출처: 『定本 伊藤野枝全集』 全四卷, 學藝書林, 二〇〇〇年.
(『정본 이토 노에 전집』 제4권, 가쿠게이서림, 2000년)

『청탑』(1912년 9월호)에 실린 편집부 일동.
앉아 있는 앞줄 왼쪽부터 이쿠타 조코, 히라쓰카 라이초,
오타케 베니요시. 뒷줄 왼쪽부터 두 번째가 야스모치 요시코
출처: 『復刻版 青鞜』第二巻下, 不二出版, 一九八三年
(『복각판 청탑』제2권하, 후지출판, 1983년)

3장

남의 섹스를 비웃지 마라

청탑사 마당에 똥을 뿌리다

1912년 10월에 이토 노에가 청탑사에 들어갔다는 이야기
는 앞에서 했다. 청탑사에서 노에는 어땠을까? 한마디로 왁자
지껄 신나게 잘 지냈던 것 같다. 친구도 생겼다. 청탑사에는 또
래가 몇 명 있었는데 그중에서도 오타케 베니요시(尾竹紅吉),
고바야시 가쓰(小林哥津)와 사이가 좋았다. 청탑사의 소녀 삼총
사. 히라쓰카 라이초가 말하길, 항상 셋이서 무슨 이야기인지
몰라도 깔깔거리다가 마지막엔 덩치 큰 베니요시가 노에와 가
쓰의 등짝을 찰싹 때리는 것으로 끝났다고 한다. 얼마나 즐거
웠을까. 하지만 노에가 입사했을 때 청탑사에는 약간 긴장감
이 감돌았다. 그 무렵 언론이 맹렬한 비난을 퍼붓고 있었기 때
문이다.

발단은 베니요시였다. 오사카에서 온 화가 베니요시는 천

재라고 불릴 만큼 그림에는 뛰어났지만 보기 드물게 천방지축
이었다. 술을 좋아해서 밤마다 남자 친구들과 어울려 다니며
여자들을 꾀고 다녔다. 그러던 어느 날, 베니요시가 우연히 들
른 카페 '메종 기러기둥지'에서 오색주라는 술을 마셨던 모양
이다. 양주를 도수가 높은 순으로 잔에 따라 다섯 색깔 층으로
만든 술이었는데, 그 모양이 재미있었는지 베니요시는 이 술
에 관한 글을 썼다. 지금이라면 별일 아니겠지만 언론이 꼬투
리를 잡아 청탑사 여자들은 행실이 바르지 못하다느니 남자처
럼 허구한 날 술만 마시고 다닌다며 기사를 냈다. 또 여름 즈
음에 베니요시는 삼촌의 추천으로 청탑사 멤버들과 요시와라*
유곽 견학을 기획했다. 라이초를 비롯한 세 사람이 유곽에 가
서 술을 마셨다. 이 일도 특별한 화젯거리가 아니었건만, 말하
기 좋아하는 베니요시가 여기저기에서 떠들어댔던 모양이다.
이것이 청탑사 여자들이 매춘부를 샀다며 『도(都)신문』에 실렸
다. 해도 너무하네. 이런 일들이 스캔들로 다뤄지면서 청탑사
가 비난의 소용돌이에 휩쓸리게 되었다. 항의문이 빗발쳤고,
라이초의 집에는 돌이 날아들 정도였다. 노에가 청탑사에 들
어갔을 때가 바로 이 무렵이었다.

　하지만 노에에게 그런 일 따위는 대수롭지 않았다. 오히
려 바라던 바였다. 라이초와 함께 '신여성'이라는 슬로건을 내
걸고 반격에 나섰다. 여자는 이래야 한다 저래야 한다는 헛소
리를 해대는 놈들을 혼내 주겠다고 말이다. 라이초의 말을 빌

---

* 에도 시대부터 있었던 홍등가.

리면, 노에가 워낙에 지기 싫어하는 성격이라 매일 청탑사에 와서 신문을 읽다가 청탑을 비난하는 글을 발견하기라도 하면 부들부들 떨면서 "내가 상대해 주겠어"라며 읽다 만 잡지를 들고 반론을 쓰기 위해 서둘러 집에 돌아가곤 했다고 한다. 의욕이 넘칠 뿐 아니라 자기와 같은 수준의 평론을 쓸 수 있는 노에에게 라이초는 상당한 기대를 걸게 되었다.

그러나 아쉽게도 노에를 일약 유명하게 만든 것은 베니요 시처럼 스캔들이었다. 1913년 6월 13일, 기무라 소타(木村荘太)라는 사람이 노에 앞으로 편지를 보냈다. '당신은 내 이상형'이라는 내용의 러브레터였다. 기무라는 다니자키 준이치로(谷崎潤一郎), 와쓰지 데쓰로(和辻哲郎)와 함께 잡지 『신사조(新思潮)』(제2차)를 창간했고, 기시다 류세이(岸田劉生), 다카무라 고타로(高村光太郎)와 함께 미술동인지 『퓨제인』*을 발간하기도 했던 스물여섯의 젊은 문필가였다. 기무라는 세간의 화제가 되는 신여성을 꾀어낼 수 있을지 친구들과 내기를 걸었던 모양이다. 이런 이유로 노에의 글을 읽다가, 상상 속에서 정말 좋아져 버렸다고 한다. 웃기는 이야기다. 그렇지만 어이없게도 노에는 이에 걸려들고 만다. '내가 인기가 좀 있나 봐'라는 생각에 설레었다. 6월 23일, 「청탑」의 인쇄소에서 노에는 기무라와 만난다. 기무라는 노에를 유혹하려고 자기가 아는 이런저런 말들을 늘어놓지만 제대로 된 내용이라곤 없었다. 평소에 남편인 쓰지 준으로부터 수준 높은 이야기를 들어왔던 노에였

• 목탄이라는 뜻의 프랑스어.

다. 그런 노에에게 어설픈 문학청년의 이야기가 귀에 들어올 리 만무했다. 시시해. 노에의 마음은 순식간에 식어버렸다.

노에에겐 이미 끝난 일이었지만 쓰지는 그냥 넘길 수 없었다. 쓰지는 노에의 마음이 흔들렸다는 걸 눈치챘다. 화가 치민 쓰지가 노에에게 자기와 헤어지고 싶은지 물어보니 노에는 울면서 싫다고 대답한다. 대답을 들은 쓰지는 혼자 기무라의 집에 찾아가서, 노에가 기무라에게 관심이 없다는 것을 담담하게 전했다. 기무라 넉다운. 승부는 정해졌다. 그렇게 해놓고 쓰지는 둘 다 글쟁이들이니 겪은 일을 각자 소설로 쓰라고 했다. 고약하기는. 그래서 기무라는 「견인(牽引)」, 노에는 「동요(動搖)」라는 소설을 썼다. 이 중 노에의 소설이 재미있었는지 세 사람 사이의 소동이 『시사신보(時事新報)』에 실리게 되었다. 물론 스캔들로 말이다. 이 사건을 계기로 노에의 이름이 세상에 알려지게 되었다. 이게 다 쓰지 덕분이다.

얼마 지나지 않아 9월 20일에 노에는 장남 마코토를 낳았다. 이때 노에와 쓰지는 살던 집에서 나와 이사를 한 상태였다. 이웃에 소설가 노가미 야에코(野上弥生子)가 살고 있었는데 노에와는 곧 마음을 터놓는 사이가 되었다. 노에는 육아를 포함해서 여러 가지 조언을 받았다. 야에코는 꽤 부유해서 노에의 집과는 비교할 수 없을 만큼 넓은 집에서 살고 있었다. 그래서 야에코가 집을 비울 때면 노에가 집을 봐주겠다며 열쇠를 받아 허물없이 들어가 쓰지와 함께 제집처럼 지냈다고 한다. 친구집은 곧 내 집. 넓구나, 넓어.

쓰지와 함께여서 그랬겠지만, 노에는 아이를 낳고부터 더욱더 제멋대로 행동했다. 가난 따위 아랑곳없이 제멋대로 살아라, 그게 당연하다는 듯이. 예를 들면, 노에는 항상 청탑사에 갓난아이를 데리고 갔다. 집에 있는 쓰지는 일하러 나가지도 않았지만, 그렇다고 해서 집안일을 하지도, 아이를 돌보지도 않았기 때문이다. 그런데 청탑에 데리고 가면 수가 생겼다. 모두 마코토를 귀여워하며 돌봐주었기 때문이다. 노에는 그 사이에 원고를 썼다. 라이초는 집필에 집중하고 싶었지만 아기가 빽빽 울어대는 바람에 시끄러워 참을 수가 없었다고 한다. 미안한 일이다. 게다가 아기는 다다미 위에 아무렇지도 않게 오줌을 쌌다. 아, 축축해. 갓난아기이니 그럴 수 있다 해도 노에의 반응이 기가 차다. 미안한 기색도 없이 축축해진 다다미를 더러운 기저귀로 쓱쓱 훔치고는 아무 일 없었던 듯 다시 일을 시작하는 것이다.

아기는 똥도 싼다. 그럴 때마다 노에는 아이를 툇마루에 데리고 나가 기저귀를 빼서 탈탈 털어냈다고 한다. 청탑사 마당에 똥을 뿌린 것이다. 그리고는 다시 아무 일도 없었다는 듯이 일을 시작했다. 노에 씨…. 냄새가 너무 심해서 노에가 집에 돌아간 뒤에 항상 야스모치 요시코가 구시렁거리며 청소를 했다고 한다. 나도 비슷한 경험이 있는데, 시골에 사는 할아버지께서 오셨을 때 갑자기 마당에서 소변을 보셔서 깜짝 놀란 적이 있다. 노에도 그랬을 것이다. 어려서부터 시골에서 자란 노에에게 마당에 분뇨를 버리는 것은 당연한 일이었다. 똥만이 아니다. 아이는 엄마 혼자가 아니라 으레 주변 사람들의 손을 빌려 키우는 법이었다. 교훈이다. 아이를 낳고 아이로 돌아간다. 이건 정말 중요하다.

레드 엠마

이때는 노에가 사상적으로 크게 비약한 시기였다. 1913
년 여름쯤 노에는 엠마 골드만(Emma Goldman)에 대한 짧은
전기를 읽었다. 감동이었다. 노에는 엠마처럼 되고 싶다고 생
각했다. 여기서 엠마가 어떤 인물이었는지 짧게 소개할까 한
다. 그녀는 1869년에 리투아니아에서 태어난 아나키스트이다.
리투아니아에서 심한 박해를 받았던 유대계 엠마는 쾨니히스
베르크(현, 러시아의 칼리닌그라드)를 거쳐 1882년 러시아의
페테르부르크로 이주하여 장갑공장에서 일했다. 지독한 가난.
이때부터 나로드니키(Народники)*의 바이블인 체르니셰프스
키**의 『무엇을 할 것인가』를 읽기 시작했다. 1885년에는 언니
와 함께 미국 뉴욕으로 이주해서 봉제공장에서 일했다. 이때
이주노동자들에 대한 공장의 열악한 처우 때문에 자본주의에
대한 반감을 가지게 되었다. 언젠가는 부르주아 놈들을 때려
죽이겠다.
　　1889년, 엠마는 맨하탄에서 일생의 동지가 될 알렉산더

• 19세기 후반 러시아에서 사회변혁운동을 실천한 세력. 인민주의자(人民主
　義者)라는 뜻의 러시아어.
•• 체르니셰프스키(Chernyshevskii, Nikolaj Gavrilovich 1828~1889): 러시아의
　혁명적 민주주의자.

버크먼(Alexander Berkman)을 만나게 된다. 또 당시 미국에서 유명했던 아나키스트인 요한 모스트*의 영향을 받는다. 모스트는 '행동을 통한 선전(propaganda of the deed)'을 부르짖으며, 테러와 같은 폭력 행위를 통해서 사람들에게 자본주의에 대한 분노를 불러일으키고자 했다. 먼저 자신을 버리고 결기하라. 그로서 다른 사람들의 반역행위를 부추기는 것이다. 젊은 엠마와 버크먼은 모스트의 사상에 도취했다. 이거야! 이것뿐이야. 바로 그때 절호의 기회가 될 사건이 터졌다. 1892년 6월에 펜실바니아주 홈스테드에 있는 카네기 철강회사에서 파업이 일어났다. 공장장인 헨리 크레이 프릭(Henry Clay Frick)은 악명 높은 탐정 · 경비회사인 핑커튼에서 무장한 경비를 고용해 사태를 진압하려 했다. 당연히 상황은 더욱 악화되었다. 총격전이 12시간 이상 벌어졌고 결국 노동자 측이 패배했다. 이 충돌로 노동자가 일곱 명, 경비원 아홉 명이 사망했다. 이 사건을 접한 엠마와 버크먼은 공장장인 프릭을 제거하겠다며 들고 일어났다. 7월 23일 버크먼은 권총을 들고 프릭의 사무실을 급습했다. 두세 발을 쐈지만 실패했고 옆에 있던 노동자에게 얻어맞아 기절해서 체포되었다. 버크먼은 이 일로 14년간 복역하게 되었다. 그 후 엠마도 버크먼을 옹호하는 연설을 하는 바람에 체포되어 일 년 동안 형무소에 들어가게 되었다.

하지만 엠마는 굽히지 않았다. 출소한 뒤에도 몇 번이고

• 요한 모스트(Johann Most, 1846~1906)는 미국과 독일어권 아나키즘 운동의 선구자로, 1860년대 스위스에서 사회주의 운동가로서 등장하여 1870년대에는 독일에서 제국의회 의원, 저널리스트, 연설가 등으로 활동했다.

'행동하라'는 연설을 했다. 1901년 9월, 매킨리 대통령 암살사
건이 일어났다. 좋았어. 범인은 폴란드 이민자 출신 레온 촐고
츠(Leon Frank Czolgosz)라는 젊은 아나키스트였다. 그가 체포
된 뒤에 엠마의 연설에 영향을 받아 저지른 행동이라는 것이
알려져 이 사건과는 아무 연관이 없는 엠마도 잡혀갔다. 물론
증거불충분으로 바로 석방되었지만 모든 신문이 이 사건을 대
대적으로 보도했다. 피를 연상시키는 '레드 엠마'라는 별명도
이때 생겼다. 안성맞춤이다. 1906년에 버크먼이 출소하자 엠
마는 그와 함께 『어머니 대지(Mother Earth)』라는 잡지를 창간
했다. 이 잡지는 온 세계 아나키스트들이 읽는 잡지가 되었다.
실은 이때 미국에 가 있던 고토쿠 슈스이(幸德秋水)는 엠마와
직접 만나지는 못했지만 『어머니 대지』의 다른 멤버들과 교류
하고 있었다.

　　고토쿠에게 미국에서의 경험은 강렬해서 귀국 후 공공연
히 아나키스트를 천명하고 직접행동을 주장하게 되었다. 직접
행동이란 자신의 일은 자신이 한다, 할 수 있다는 것을 행동으
로써 보이는 것이다. 또 아나키즘은 타인의 지배를 받지 않는
다. 즉 지배받지 않아도 살아갈 수 있다는 사상이다. 직접행동
은 그것을 하나의 형태로 만든 것이다. 고토쿠는 선동했다. 노
동자들이여 일어나라. 자본가나 정치가에게 온정을 구걸해봤
자 아무 소용없다. 그들은 오로지 자신들에게 이익이 되는 일
만 한다. 가난해서 빵조차 살 수 없게 되면, 자기가 먹을 빵을
자기 힘으로 뺏으면 된다. 방해하는 자가 있다면, 자본가, 정
치인, 경찰 할 것 없이 다 때려눕혀라, 해치워라. 자신의 일은

자기 손으로 해야 한다. 이 결기에는 파업은 물론 폭동, 봉기, 테러도 포함되어 있었기 때문에 정부는 고토쿠를 철저하게 감시했다. 결국 그는 1910년에 천황암살계획에 연루되었다는 혐의로 체포되어 이듬해 처형되었다. 이게 바로 그 유명한 대역사건이다. 엠마는 이 사건을 알고 크게 분노하여 그해 11월 23일에 뉴욕에서 집회를 열고 일본정부를 향해 국제적으로 항의캠페인을 전개했다. 좋은 사람이다.

노에가 알게 된 엠마의 반평생은 이런 것이었다. 좌우간 엄청 멋지다. 노에는 엠마의 삶에 완전히 끌렸다. 그녀의 생각을 더 알고 싶었다. 그래서 1913년 9월, 『청탑』에서 엠마의 「부인해방의 비극(婦人解放の悲劇)」을 번역하기도 했다. 다음 해 3월에는 「결혼과 연애(結婚と恋愛)」, 「소수와 다수(少数と多数)」라는 엠마의 논문, 히폴리테 하벨(Hippolyte Havel)의 「엠마 골드만 소전(小伝)」, 거기에 엘렌 케이(Ellen Karolina Sofia Key)의 논문을 포함해서, 『부인해방의 비극』이라는 번역본을 출간했다. 원래 이 「부인해방의 비극」은 오스기 사카에가 자신이 발간하던 『근대사상(近代思想)』이라는 잡지에서 번역할 생각이었다. 1885년에 태어난 오스기는 노에보다 열 살이나 많았다. 그는 고토쿠의 동생뻘 되는 아나키스트로 그의 뜻을 이어받아 해외의 새로운 사상을 소개하면서 독자적으로 직접행동론을 전개해 나갔다. 오스기의 글은 잘 정돈되어 있고 문장이 유려해서, 그는 이 시기에 이미 인기 있는 문필가였다.

문장만이 아니다. 오스기는 어린 시절부터 군인이 되기 위해 훈련받아 왔기 때문에 봉술이나 유도 실력이 뛰어났고 싸움도 무척 잘했다. 싸움이 잦아서 육군유년학교에서 퇴학을 당하기도 했지만. 훗날 아나키스트가 된 뒤로는 타고난 싸움꾼 기질을 살려 폭동을 부추기고 경찰들과 충돌하는 일이 잦았다. 말 그대로 직접 행동하는 사람이었다. 엠마의 글을 번역하려고 했던 오스기는 그때 베르그송의 사상에 푹 빠져 있었다. 조금 더 베르그송에 대해 공부하고 싶었던 그는 동료인 아라하타 간손(荒畑寒村)*에게 번역일을 넘겼다. 그리고 아라하타도 청탑사의 젊은 여성이 엠마의 글을 번역하고 싶어한다는 것을 듣고 일부러 양보해 주었다. 노에 입장에서는 참 고마운 일이다.

그런 인연이 있었기 때문일까 『부인해방의 비극』을 읽은 오스기는 크게 흥분했다. 우와, 대단한 사람이 나타났군. 1914년 5월, 오스기는 『근대사상』에서 노에를 이렇게 절찬했다.

나는 우리와 같은 주의자인 엠마 골드만을 노에가 사숙(私淑)하고 있다고 해서 무턱대고 극찬하는 것은 아니다. 이런 말이 실례일지도 모르지만 이렇게 젊은, 게다가 여성이기 때문에 오랫동안 무지 속에서 나고 자랐음에도, 이토록 명철한 문장과 사상을 얻었음은 실로 경복(敬服)할 만한 일이다. 이것은

• 아라하타 간손(1887~1981)은 메이지, 다이쇼, 쇼와시대의 사회운동가이다. 고등소학교 졸업 후 외국인시설에서 일하며 기독교로 개종하였다. 고토쿠 슈스이가 쓴 반전시(反戰詩)와 사회주의 사상에 영향을 받아 노동운동에 가담하였다. 1904년에 요코하마평민결사(橫浜平民結社)를 창립하였고 1912년에 『근대사상(近代思想)』을, 1927년에는 『노농(勞農)』을 창간하였다. 이후 사회주의자로 활동하며 노농파의 지도자로 활약하였다.

나보다 연상의 남자들이 라이초에 대해서도 말했을 법한 것이지만, 라이초의 사상은 의식하지 못한 사이에 이미 고착된 모습을 보인다. 라이초보다는 노에의 장래에 더욱 촉목(囑目)하는 바이다.[18]

조금 잘난 척하는 것처럼 보이지만, 오스기는 할 수 있는 칭찬은 다 할 요량이었나 보다. 노에도 틀림없이 기뻐했으리라. 엠마나 버크먼 같은 아나키스트인 오스기에게 라이초보다 훌륭하다는 평을 들었으니까. 우쭐할만하다. 그러나 사실 이 번역은 노에가 한 게 아니었다. 노에의 어학실력이 그 정도로 출중하지 않았다. 이때는 노에를 공부시키기 위해서 쓰지가 번역을 해 주었다. 과연 전직 영어교사다. 물론 노에를 위해서 쓰지가 한 일이기 때문에 노에의 번역이라고 해도 좋고, 오스기에게 호평을 받았던 「서문」만큼은 노에가 쓴 것이다. 남이 도움을 준다면 고맙게 받는다. 가난한 자의 처세술. 걸식의 명예이다.

노에에 대해 꽤나 흥미가 있었는지, 같은 해 7월에 오스기는 두 사람을 모두 알고 있던 와타나베 마사타로(渡辺政太郎)*의 소개를 받아 노에와 쓰지의 집을 방문했다.

"잘 오셨습니다. 오래전부터 한 번쯤 뵙고 싶다고 줄곧 생각하고 있었습니다."

---

* 와타나베 마사타로(1873-1918)는 아나키스트이자 사회운동가로, 대역사건 이후에 무정부주의 연구회(와타나베 사후 '북풍회(北風會)'로 명명)를 조직하여 후진양성에 힘썼다.

그녀는 첫인사를 나누고 친밀한 목소리로 말했다.

"아주 건강해 보이셔서 깜짝 놀랐어요. 병환으로 많이 쇠약해지셨다는 말을 듣기도 했고, 또 S(사카이 도시히코, 堺利彦)씨의 『O(오스기 사카에) 와 A(아라하타 간손) 』에서 '백옥장신(白皙長身)'이라는 표현도 있어서 키는 크지만 조금 병약하고 야위어 창백한 환자 같은 분이라고만 생각했거든요."

"하하하, 기대에 어긋났나 보군요. 이렇게 시커멓고 투박한 남자라."[19]

이것이 오스기와 노에가 처음 나눈 대화였다고 한다. 아주 친한 사이처럼 얘기를 나눴다. 물론 어느 쪽도 연애감정은 없었다. 오스기도 여성 동지를 포섭하기 위해서였을 테고, 노에도 저명한 아나키스트가 일부러 자신을 찾아와 준 일이 기뻤을 것이다. 잘 나간다, 노에. 슬슬 라이초를 치고 나갈 때가 온 것 같다.

노에의 요리는 맛없고 지저분하다?

1914년에 들어서면서 라이초의 활동에 제약이 생겼다. 연애 때문이다. 라이초는 그해 1월부터 다섯 살 연하의 잘생긴 오쿠무라 히로시(奧村博史)와 동거하기 위해 안락했던 친정에서 나왔다. 가진 돈은 곧 바닥이 났다. 오쿠무라는 화가였는데, 라이초와 마찬가지로 그의 집안 또한 부유했지만 자립하고 나니 한낱 가난뱅이일 뿐이었다. 게다가 둘 다 집안일을 해

본 경험이 없었다. 무엇보다 라이초는 부엌에 들어가는 것을 무척이나 싫어했다. 생활은 엉망진창이 되고 말았다. 그 이야기를 들은 노에가 걱정을 하면서 자기 집 근처로 이사 오면 어떻겠냐고 제안을 했다. "그러면 점심과 저녁은 우리 집에서 먹읍시다. 2인분이나 4인분이나 밥을 짓는 건 매 한 가지니, 제가 여러분의 밥을 짓겠습니다. 그러니 돈만 주시면 됩니다"라고 말이다. 좋은 제안이다. 생활이 어려워졌을 때 고립되지 않고 여럿이 모여 시끌벅적하게 지내는 것. 노에가 습득한 처세술의 하나다. 6월에 라이초와 오쿠무라는 가미코마고메(上駒込)로 이사한다.

날마다 점심과 저녁때가 되면 모두 함께 밥을 먹는다. 즐거웠을 것 같다. 하지만 그런 생활은 채 한 달도 못 갔다. 어찌된 일일까? 라이초의 회상을 들어보자.

지금 돌이켜 보면 그런 곳에서 잘도 밥을 해 먹었구나 하는 생각이 들 정도였습니다. 그 당시 쓰지의 어머니는 무슨 이유 때문인지 몰라도 따로 살고 있었는데, 그래서인지 집안에는 취사도구가 거의 없었고, 놋으로 된 대야를 스키야키 냄비로 쓰거나 거울을 뒤집어 도마로 쓰곤 했습니다. 밥그릇도 없어서 큰 접시 하나에 반찬과 밥을 담았습니다.

노에는 요리를 못한다기보다는 그런 건 아무래도 상관없다는 듯, 고기를 넣은 스튜 같은 것을 밥 위에 부어 먹는 등 정체불명의 요리를 자주 했습니다. 손은 빨랐지만 지저분한 것도 맛없는 것도 개의치 않았습니다.[20]

이게 다 무슨 소리란 말인가? 노에에게 신세를 지는 주제에 이런 불평을 늘어놓다니. 노에의 요리는 맛없고 지저분하단다. 내가 볼 때 스튜를 부은 밥은 정말 기가 막히게 맛있을 것 같은 데, 다이쇼시대 부자들의 감각은 조금 달랐나 보다. 결국 라이초와 오쿠무라는 둘이서 외식하는 일이 잦아지면서 함께 밥을 먹지 않게 되었다. 그런데 이때의 이야기들이 소문으로 퍼졌던 모양이다. 노에에게는 집안일을 못한다는 꼬리표가 붙었다. 집안일을 못하는 건 라이초 쪽이고, 노에는 무엇 하나 잘못한 게 없는데도 말이다. 가엾기도 하지.

이런 이유로 라이초와 오쿠무라는 다시 이사를 가게 되었다. 10월 12일, 두 사람은 지바(千葉)의 온주쿠(御新宿) 해안으로 여행을 떠났다. 신혼의 기분을 만끽하고 싶었을 게다. 그리고 얼마 동안 그곳에 살기로 한다. 그동안 노에가 『청탑』의 편집일을 도맡아 했다. 금방 돌아오겠지. 그러나 라이초는 좀처럼 돌아오지 않았다. '어라? 더 이상 이 일을 하고 싶지 않은 걸까? 그렇다면!' 11월 7일, 노에는 라이초에게 장문의 편지를 썼다. 장황한 소리를 늘어놓긴 했지만 말하고자 했던 건 단순하다. 당신이 더 이상 이 일을 할 마음이 없다면 나에게 『청탑』을 넘기라는 것. 편지를 받고 라이초는 깜짝 놀란다. 조금 쉬어가려 했을 뿐인데 어째서 이런 말을 하는 걸까. 며칠 후 라이초는 도쿄로 돌아와 노에와 이야기를 나누었다. 처음엔 곧 복귀할 거라고 말하려고 했지만 의욕이 넘치는 노에를 보니 그냥 맡겨 둘 수밖에 없었다고 한다. 그리고는 『청탑』의 편집장 자리를 노에에게 넘겨준다. 라이초는 오쿠무라와 함께 조금 더 **84**

쉬고 싶었던 것 같다. 1915년 1월에『청탑』의 발행인이 노에로 바뀐다. 여기서부터『청탑』제2기가 시작된다.

힘을 다해 죽을 각오로 닥치는 대로 써라

먼저 노에는『청탑』의 새로운 편집 방침을 발표했다.

> 나는 지금까지 있었던 청탑사의 모든 규칙을 없애겠습니다. 청탑은 앞으로 무규칙, 무방침, 무주장무주의(無主張無主義)입니다. 주의가 필요하신 분, 규칙이 꼭 있어야 하는 분들은 각자 만드세요. 나는 어떤 주의도 방침도 규칙도 없는 잡지를 모든 여성에게 제공하겠습니다.[21]

이것이 그 유명한 '무규칙, 무방침, 무주장무주의' 노선이다. 상당히 과감한 방침이다. 물론 일을 대충 하겠다거나 아무 의미도 없는 글을 싣겠다는 소리는 아니다. 오히려 그 반대이다. 해서는 안 되는 말 같은 건 애초에 존재하지 않는다. 그러니 미풍양속 따위는 무시해버리고 하고 싶은 대로 하라는 말이다. 힘을 다해 죽을 각오로 닥치는 대로 쓰라는 것이다. 진심으로. 그런 방침을 세운 덕분에『청탑』제2기에서는 세 가지 논쟁이 일어나게 된다. 정조 논쟁·낙태 논쟁·폐창 논쟁이 그것이다. 모두 노에와 연관이 있기 때문에 간단히 소개하고자 한다.

(1) 정조 논쟁

이 논쟁은 이쿠타 하나요(生田花世)의 「먹는 것과 정조」
(『반향(反響)』, 1914년 9월)가 발단이 되었다. 이 글에서 하나
요는 정말 끼니를 잇지 못할 지경이 되면 여자는 정조를 버리
는 것도 서슴지 않는다고 썼다. 이에 대해 야스다 사쓰키(安田
皐月)가 「살아가는 것과 정조」(『청탑』, 1914년 12월)를 써서 맞
불을 놓았다.

> 그분이 말하는 정조(貞操)–예로부터 여자에게 흔히 써왔
> 던 그런 의미라고 나는 생각하지 않는다. 그분 또한 그러하리
> 라. 나는 앞으로도 엄청나게 넓은 의미로 이 단어를 사용할 것
> 이다–라는 것은 인간에게, 적어도 여자에게는 전부가 되어야
> 한다. 절대로, 절대로, 절대로 부분이 아니다. 부분적 보물이 아
> 니다. 여기까지가 정조이고 또 여기서부터는 정조의 바깥이라
> 고 말해서는 안 된다. 인간 모두가 그것이 아니면 안 된다. 여자
> 전부가 그것이 아니면 안 된다. 그 무엇을 위해서라도, 어떤 일
> 을 당하더라도 깨뜨릴 수 없는 것이 바로 정조이다.[22]

즉, 하나요는 여성의 정조에는 상품 가치가 있으니 정말
곤란한 상황이 되면 안타깝기는 하지만 몸을 팔아서라도 살
아가야 한다고 말했다. 이에 대해 사쓰키는 여성의 정조는 그
런 것이 아니라, 여성으로서, 인간으로서의 존엄 그 자체이므
로 상품처럼 혹은 물건처럼 다뤄서는 안 된다고 말하는 것이
다. 돈으로 그 가치를 저울질해서 어느 한 부분을 팔거나 하
는 식으로 다뤄서는 안 된다. 정조는 결코 조각낼 수 없다고

주장하는 것이다. 노에도 이 두 사람에게 자극을 받아 붓을 들었다.

> 종래의 정조의 뜻이 '정숙한 부인은 두 남편을 섬기지 않는다'라고 한다면 나는 이렇게 부자연스러운 도덕은 달리 없다고 생각한다.[23]

노에의 입을 빌리자면 애초에 정조라는 발상 자체가 웃긴다. 전쟁 전 일본에는 간통죄가 있었는데, 남편은 미혼여성과 바람을 피워도 누구 하나 비난하지 않지만, 부인이 바람을 피우면 간통이네 어쩌네 하며 욕을 먹고 그 상대와 함께 고소를 당한다. 노에는 이것이 완전한 불평등이며, 이런 법률은 구태의연한 가족제도 안에서 남자가 여자를 집안에 가두어 두려고 해서 생긴 것이라고 주장했다. 정조라는 건 그런 남자들이 원하는 것이 이뤄질 수 있도록 만들어진 부자연스러운 도덕에 지나지 않는다. 이에 덧붙여 노에는 확실하게 단언한다.

> 내가 만약 어떤 상황 때문에 나의 처녀를 희생해서 빵을 얻어야 한다면, 오히려 미련 없이 스스로 처녀성을 내다 버리리라. 그렇게 해서 나는 다른 방면으로 자신을 더욱 키워갈 수 있다고 생각한다. 나는 그것이 결코 부끄러운 행위가 아님을 잘 알고 있다.[24]

이 점은 하나요와 비슷하다. 하지만 노에에 의하면, 하나요는 처녀성을 버리는 일은 부끄러운 행위라고 생각하고 있

87

다. 그래서 정조를 운운하며 집착하는 것이다. 남자든 여자든 자유롭게 연애를 하고 섹스를 해도 되며, 끼니가 어렵다면 다른 노동자가 그러하듯이 자기의 몸을 팔아서 돈을 마련해도 좋다. 적어도 도덕적으로 선악을 판단할 문제는 아니다. 정조 따위 신경 쓰지 마라. 노에는 다음과 같이 글을 끝맺었다.

> 아, 인습타파! 인습타파! 우리를 구할 길은 이것밖에 없다. 저주로 꽁꽁 묶인 참혹한 여자들의 삶이여! 우리가 언제까지나, 언제까지나 이렇게 참고만 살 수는 없다. 드디어, 드디어….[25]

참을 수 없을 만큼 짜릿하다. 사실 이런 논쟁에 딱히 승패는 없지만, 노에의 압승인 것 같다. 아, 인습타파, 인습타파!

(2) 낙태 논쟁

이 논쟁은 하라다 사쓰키(原田皐月)의 소설 「옥중의 여자가 남자에게」(『청탑』, 1915년 6월)에서 시작된다. 사쓰키는 앞에서 나온 야스다 사쓰키인데 정조 논쟁을 할 무렵, 배우인 하라다 준(原田潤)과 결혼해서 성이 하라다가 되었다. 이 소설에서 사쓰키는 당시에 범죄로 취급되던 낙태를 찬성하고 있다. 다음은 여자 주인공의 입을 빌려 한 말이다.

> 여자는 매달 수많은 난세포를 버리고 있습니다. 수태한 것만으로는 아직 생명도 인격도 느낄 수 없습니다. 사실 모체의 작은 부속물이라고밖에 생각할 수 없으니까요. 하물며 본능적인 애정 같은 건 더더욱 느낄 수 없습니다. 그리고 나는 자신의 한쪽

팔을 잘라냈다고 죄를 지었다는 사람을 들어본 적이 없습니다.[26]

계속해서 자기는 가난하기 때문에 아이를 낳아도 고생만 시킬 뿐이고 그런 본인에게 부모가 될 자격 같은 건 없기 때문에 아이를 지울 수밖에 없다고 말한다. 그러므로 낙태는 죄가 아니라는 소리다. 이 글을 읽고 노에는 『청탑』의 같은 호에서 반론을 가한다. 아니, 그건 아니지. 애초에 부모가 될 자격이라는 게 있을까? 나는 가난하고 남편도 일하지 않지만, 아이를 낳으면 낳는 대로 어떻게든 굴러가던 걸. 또한 수태한 것만으로는 아직 생명도 인격도 없다는 사쓰키의 의견에 노에는 이렇게 응수하고 있다.

아이를 갖는 것이 너무나 고통스럽다거나 두려운 마음을 도저히 떨쳐낼 수 없을 때는 피임을 하면 되지만, 일단 임신을 했다면 낙태를 해서는 안 된다고 생각합니다. 무엇보다도 나는 그것이 굉장히 부자연스럽다고 생각합니다. 그 아이가 어떻게 자라날지 시들어 갈지는 미지의 문제이죠. 그러나 생명이 싹튼 것은 사실입니다. 이 하나의 생명이 어떤 운명을 타고날지는 아무도 모를 일이에요. 그런데 자신들이 가진 이런저런 이유 때문에 그 '숨통'을 끊어버린다면, 어떤 명분을 붙인다 하더라도 자연을 모욕하거나 '생명'을 경시하는 행동이 아닐까요?[27]

요약하자면 피임은 괜찮지만, 낙태는 안 된다는 입장이다. 물론 법으로 금지하라는 것은 아니고, 어디까지나 자기 의지에 달려있다고 말하고 있다. 수태한 시점에서 그것은 이미 소중한 '생명'이며, 어떻게 싹틀지 모를 미지의 가능성이기 때문에 키워야 한다는 것이다.

이에 대응해 『청탑』 9월호에서 라이초가 노에에게 비판을 가한다. "노에 씨, 무책임한 말을 해서는 안 됩니다. '생명'이 중요하다느니 어쩌니 하며 모호한 말로 낙태를 원하는 여성들에게 불필요한 죄의식을 갖게 하지 맙시다. 당신이 그런 말을 하는 것은 자신이 엄마이고 아이를 귀여워하기 때문이죠. 그런 모성 같은 건 존중받아야 할지도 모르지만, 우리는 언제나 '여자는 아이를 낳아야 한다'는 구태의연한 인습에 얽매이지 않도록 주의를 기울여야 합니다. 당신은 지금 '생명'이라는 것에 너무 집착하고 있어요."

그리고 이렇게 계속한다. "노에 씨도 사쓰키 씨도 가난하기 때문에 부모의 자격이 있느니 없느니 하는 얘기만 늘어놓고 있지만, 가난하지 않아도 일하는 여성이 중절이나 낙태를 원하는 경우도 있지 않나요? 그건 결코 잘못이 아닙니다. 앞으로 어떤 생활을 바라는지 여성 자신이 결정해야 하는 것이죠." 아마 라이초의 주장이 옳을 것이다. 중절에 대해서는 여성의 자기 결정에 맡겨야 한다고 주장하고 있으니까. 그러나 라이초는 같은 논문 마지막에 조금 쓸데없는 말을 보태고 있다. 지금 자신도 임신한 상태인데 한참을 고민한 끝에 낳기로 했다고. 그 이유는 다음과 같다.

또한 저는 이런 생각도 했습니다. 나는 다른 일에 힘을 쏟느라 아이를 돌보고 교육시키는 일에는 전념할 수 없어서 내 마

음이 괴롭고 아이에게도 불행한 일이 된다 할지라도, 무자각하
고 무지하며 열등한 여자가 낳은, 게다가 사랑 없는 결합의 결
과로 태어나 무책임한 엄마 손에 자라는 오늘날 일본의 수많은
아이와 비교하면, 그것은 분명 보다 훌륭하고 행복한 일임이 틀
림없다고.[28]

이건 좀 아닌 것 같다. 낳을지 말지는 자기 결정이라면서
거기에 올바른 판단 기준을 만들어버렸기 때문이다. 라이초의
주장대로라면, 엄마가 교양이 있는지 없는지, 부부가 서로 사
랑하고 있는지 아닌지, 결국 행복한 가정을 꾸릴 수 있는지의
여부가 핵심이라는 것이다. 그러나 그렇게 깔끔하게 정할 수
있는 문제는 아닐 것이다. 이 점에 대해서는 역시 노에가 옳지
않을까? 미지의 가능성을 품은 소중한 생명의 문제라고 말하
고 있으니까. 낳을지 말지에 대해 어떤 척도가 존재할 리 없다.
가령 남편이 없어도, 자신이 교양이 없거나 가난해도, 꼭 아이
를 낳고 싶다면 낳으면 되고, 낳을 수밖에 없는 것이다. 그러나
그렇다고 '여자는 아이를 낳아야 한다'는 인습에 따를 필요는
전혀 없다. 여기에 척도 같은 건 없을뿐더러, 몹시 고통스럽더
라도 고민을 거듭해서 무리라고 생각되거나 싫으면 낳지 않아
도 된다. 노에는 낳아야 한다고만 말하고 있지만, 사실 그녀의
논지는 이런 게 아닌가 싶다.

(3) 폐창 논쟁
이 논쟁은 「오만하고 고리타분하며 어설픈 일본부인의 공
공사업에 대하여」(『청탑』 1915년 12월)라는 논문에서 노에가

부인교풍회(婦人矯風會)*를 향해 걸었던 싸움이 발단이었다. 교풍회는 기독교계 부인단체인데, 특히 공창제도의 폐지를 주장하고 있었다. 지금은 생소하게 들릴지 모르겠지만 공창제도는 정부가 공인한 매춘을 말한다. 일본에는 에도시대부터 요시와라(吉原) 등의 유곽이 있었는데, 이것은 인신매매와 다를 바 없었다. 부모나 친척이 빚을 갚기 위해 딸들을 팔고, 한 번 들어가면 빠져나올 수 없는 구조였다. 시키는 대로 하지 않으면 폭력을 휘두르기 때문이다.

메이지시대가 되자 형식적으로는 공창제가 폐지된다. 문명국에서 인신매매란 있을 수 없는 일이기 때문이다. 그렇지만 남자들의 성적 욕구를 만족시키기 위한 편법이 있었는데, 팔려간 여자들이 자기 의지로 매춘을 하겠다는 경우에는 인정할 수밖에 없다는 것이었다. 물론 유곽에서 빠져나올 길 없는 여성들에게는 강요된 것과 다를 바 없겠지만. 이렇게 일본 정부가 유곽을 공인하는 것에 대해서, 교풍회는 정부가 그런 파렴치한 조치를 취해서는 안 되며 유곽을 공인하면 공공질서와 미풍양속을 해칠 것이라고 주장했다. 이러한 교풍회의 주장에 대해 노에는 말도 안 된다며 달려들었다.

> 그녀들은 유녀를 '천업부(賤業婦)'라 부르고 있다. 나는 이것만으로도 이미 그녀들의 오만함을, 그리고 천박함을 충분히 입증할 수 있다.[29]

---

* 1893년에 발족한 기독교부인단체. 정식명칭은 일본기독부인교풍회(日本基督婦人矯風會)이다.

마을을 불살라

정말로 고통받는 창부들을 돕고 싶거나 유곽을 공인하는 정부를 비판하려는 의도라면 모르겠지만, 교풍회 사람들은 그런 게 아니라 매춘은 천한 직업이기 때문에 그만둬야 한다고 주장하는 것이다. 여성이 몸을 파는 추잡한 직업을 폐지하라는 소리다. 노에는 이런 주장에 화가 치밀어 올랐다. 생활고를 위해서 몸을 파는 적지 않은 여성들을 향해서 천하다고 말하는 것은 약한 자를 괴롭히는 것이 아닌가, 누군가의 직업에 대해 그렇게 말할 권리가 당신들에게 있는가, 이건 좀 오만하지 않은가, 이 부잣집 마나님들아!

'천업'이라는 말에 무한한 굴욕을 담은 바이블우먼들이 '개개인의 사정에 대해서는 불쌍하게 생각하지만' 따위의 듣기 좋은 소리를 하면서도 여전히 그 '천업'이라는 미신에 사로잡혀서 불쌍한 여자를 인간으로부터 배제하려 하고 있다. 이것만 보아도 분수를 모르는 그녀들의 오만함은 가증스럽다 할 수 있다. 더군다나 그녀들 스스로가 신의 사도라고 자처한 종교 부인 아니던가? 박애란 무엇이며 동정은 무엇인가? 우정은? 과연 그런 것들을 줄 수 있다고 그녀들은 자신할 수 있을까? 아마도 그녀들의 전지전능한 신 그리스도는 그녀들이 그의 이름을 입에 올리며 편협하고 오만한 태도로 사람의 자식을 위해 애쓰고 있는 것을 슬퍼할 것이 틀림없다고 나는 생각한다.[30]

정말이지 고약하게 들릴 법한 글이다. 너무나 고약해서 나 같은 사람은 속이 후련해진다. 게다가 똑 부러지게 할 말은 다 하고 있다. 매춘의 문제를 진지하게 고민하는 것이라면, 우선 남의 일을 천하다고 하면서 인간 취급을 하지 않는 건 그만두자. 창부 자신들이 일하는 환경을 개선하는 문제든 일을 그만두는 문제든 거기서부터 시작하지 않으면 무얼 해도 의미가 없다.

이에 대해 아오야마 기쿠에(青山菊栄)*가 반격에 나섰다. 「일본부인의 사회사업에 대해서 이토 노에 씨에게」(『청탑』 1916년 1월)라는 논문에서 기쿠에는 우선 교풍회의 폐창운동에는 의미가 있으며, 자신도 공창제도는 폐지해야 한다고 말한다. 공창은 사창과 비교할 때 확실히 환경이 열악하다. 유곽에 갇힌 채 폭력에 시달리며 신체의 자유도 없고 제대로 먹지도 못한다. 비참하고 잔혹하다. 봉건제도 그 자체다. 반드시 폐지해야만 한다. 노에는 매춘 자체는 나쁘지 않으며 게다가 없어질 리도 없다고 말하고 있지만, 여성이 성을 상품으로 삼는 것은 옳지 않은 일이며 없애야만 한다. 물론 공창을 없애도 사창이 되는 사람도 있겠지만, 그것은 여성이 할 수 있는 다른 노동의 임금이 낮기 때문이 아닐까? 중요한 것은 사회 개조다. 모든 사회 제도는 인간이 만든 것이며, 부숴버리고 싶을 때는 언제든 부술 수 있다. 우선은 공창제도를 폐지하는 것부터 시작하자.

이 글을 읽은 노에는 격노한다. 나처럼 무지하고 공부가 부족한 사람을 물고 늘어지다니 너무한 거 아닌가. 나는 사회제도를 바꿀 수 없다고도, 공창제도를 없앨 수 없다고도 말한 적이 없다. 여성들이 폭력에 노출되어 끔찍한 꼴을 당하는 것

• 아오야마 기쿠에(1890~1980)는 평론가이자 부인문제연구가이다. 여성문제를 처음으로 비평적이고 과학적인 문제로 일본에 들여왔다.

에 대해 반대하는 건 당연한 것 아닌가. 노에는 이렇게 폭발한다.

> 아무리 당신이라지만! 당신은 정말 별것도 아닌 걸로 말꼬리를 잡고 있군요, 귀찮지도 않으신가요? 오만하다든가 오만하지 않다든가 그게 나의 태도라면 성가시니 당신의 말씀대로 받아들이겠습니다. 어느 쪽이든 나에겐 다를 바 없으니까요. 앞으로의 일에 대해서는 일일이 응답하기 번거로우니 그만두겠습니다.[31]

대단한 반론이다. 진짜 짜증 난다고만 말하고 있으니. 그래도 노에에 대한 기쿠에의 비판은 계속되어 『청탑』 다음 호에서 노에를 흠씬 두들겨 팬다. 내용은 이전의 논문을 보다 정중하게 고쳐 쓴 것이지만 노에에게 따끔한 맛을 보여주려는 듯 이렇게 쓰고 있다.

> 참고로 노에 씨는 12월호의 논문에 대해서 자신감이 없었던 것이라고 쓰셨습니다. 자신 없는 언론은 유희입니다. 그것은 공인으로서의 책임과 모순되지 않습니까? 향후에는 확실한 지식에 기반한 자신 있는 언론만을 공표하시길 간절히 바랍니다.[32]

제법인데, 안경원숭이. 이를 계기로 폐창 논쟁은 기쿠에의 승리로 끝났다고 한다. 기쿠에가 철저하게 노에를 때려눕혔다. 확실히 냉정하고 침착하게 논리적으로 자신의 의견을 피력했다는 점에선 그렇게 말할 수 있다. 그러나 내용만을 본

95

다면 사실은 거꾸로, 기쿠에는 노에의 문제 제기에 대해서 무엇 하나 제대로 대답하지 못하고 있다. 여성을 가두고 노예처럼 취급하는 것은 당연히 해서는 안 되는 일이지만, 여성이 성을 상품화하는 것에 대해서는 어떻게 생각하는가? 천한 직업이라고 말할 수 없다. 성노동을 일반적인 노동으로서 인정해야 하는 것 아닌가? 사실은 거기까지 인정한 다음에 본인이 무엇을 원하는지에 대해 이야기해야 한다. 노동조건을 개선하고 싶다고 생각한다면 개선하면 되고, 다른 일을 하고 싶으면 하면 된다. 자신의 몸과 마음이 돈으로 매겨지는 것이 싫다, 일하지 않고 배불리 먹고 싶다고 생각한다면 그렇게 하면 된다. 이것은 매춘에 한정되는 이야기가 아니라, 어떤 일에도 적용할 수 있다. 그런데도 기쿠에는, '매춘은 안 된다'라고만 말하고 있다. 확실히 해두자. 폐창 논쟁은 노에의 압승이다.

오스기 사카에, 노에에게 홀리다

노에는 『청탑』에서 여러 논쟁을 거듭하며 자신의 사상을 쌓아갔다. 그러나 얼마 지나지 않아 『청탑』은 휴간할 수밖에 없게 된다. 연애 사건 때문이다. 그 경위를 자세히 말해 두고자 한다.

1914년 11월 22일, 와타나베 마사타로가 노에를 찾아왔다. 오스기를 소개해준 고참 사회주의자이다. 그에 따르면 오스기가 그때까지 몸담았던 문예지 『근대사상』에서 나와 사회

문제를 정면으로 다룬 『평민신문』을 발간했는데, 발매금지처분을 받아 곤란해하던 참이었다고 한다. 게다가 당국은 인쇄를 끝낸 뒤에야 악의적으로 금지 처분명령을 내려 전량을 몰수하기도 했다. 이러면 돈이 들어가기만 하고 회수할 방도가 없기 때문에 상당히 곤란해진다. 돈, 돈, 돈 문제는 돈이다. 오스기는 빚투성이였다. 제2호는 간신히 인쇄를 마치고 당국의 눈을 피해 밖으로 빼돌렸지만 마땅히 숨길 장소가 없었다. 그래서 와타나베가 노에의 집에 숨겨 달라는 부탁을 하려고 방문한 것이다.

노에는 기다렸다는 듯 좋다고 대답했다. 어려울 땐 서로 돕는 게 당연하다. 그런데도 왜 오스기를 도와주려는 사람이 아무도 없는지, 동료 사회주의자들은 무얼 하고 있는지 와타나베에게 물었다. 그랬더니 주위 사람들은 모두 정부의 언론탄압이 혹독하다는 것을 알면서도 굳이 사회주의 색채가 짙은 신문을 내겠다는 오스기를 탓하며 그가 너무 설친다고 했다. 뭘 잘못했는데! 노에는 그 말을 듣고 분노를 느꼈다. 뜻을 같이하는 동료조차 돕지 않으면서 무슨 사회주의자란 말인가? 상호부조도 연대도 없었다. 나라도 손을 잡아주고 싶다. 12월 노에는 『청탑』을 통해 오스기에게 응원을 보냈다.

나는 그들(관헌)의 횡포에 분개하기보다도 일본 소셜리스트 사이의 단결의 빈약함을 생각한다. 오스기, 아라하타 두 분에게 일어난 일련의 일들에 누구 하나 적극적으로 돕지 않는, 그들의 동지의식의 부재를 생각한다. 그들이 그렇게 행동하는 것도 무리가 아닐지 모른다. 그러나 다른 건 몰라도 나는 그에 필적하는 간행물이 더욱더 여러 방면에서 거리낌 없이 출판되는 것이 당연하다고 생각한다.[33]

요약하자면 오스기처럼 있는 힘을 다해 사회와 대결해 나가자, 여러 방면에서 각자가 다양한 소리를 낸다면 정부의 언론탄압도 타파할 수 있다는 것이다. 실제로 그 후에 노에는 라이초로부터 『청탑』을 이어받아 여성의 사회문제를 야심 차게 다뤄나갔다. 오스기에게는 꽤 반가운 소식이었을 것이다. 무슨 일을 해도 뜻대로 되지 않아 동료들에게도 어리석다는 소리를 듣던 마당에, 노에가 이렇게까지 말해주었기 때문이다. 진정한 동료는 어디에 있는가? 여기 있다. 이토 노에.

이듬해 1월, 오스기가 노에와 쓰지의 집에 인사차 들렀다. 크로포트킨*의 『빵의 쟁취(La Conquête du Pain)』를 선물로 들고 왔다고 한다. 쓰지는 오스기가 경찰의 미행을 당하고 있었기 때문에 조금 불안해했다. 쓰지는 쓰지대로 몇 권의 발매금지 도서를 집안에 숨겨 두고 있었기 때문에 경찰이 들이닥쳐 그것을 몰수해가면 곤란하다고 생각했던 것이다. 하지만 노에는 그런 건 신경도 쓰지 않았다. 오스기가 "폐를 끼치게 되는 건 아닌지…"라고 말하자, 노에는 "아니에요, 전혀 그렇지 않아요"라고 대답했다. 게다가 계속된 발매금지로 돈이 없을 거

• 표트르 알렉세예비치 크로포트킨(Pyotr Alekseevich Kropotkin, 1842-1921)은 러시아의 지리학자이자 아나키즘 이론가로서, 19세기 서유럽에서 널리 인정받던 다원주의에서 파생된 적자생존에 반기를 들고, 모든 만물은 서로 돕는다는 상호부조론으로 크게 주목받았다.

라며 『청탑』의 인쇄용지까지 가져가도록 해주었다. 오스기는 고마워했지만 "그렇게까지는…"이라며 사양했다. 하지만 오스기는 분명 이렇게 생각했을 것이다. 노에 최고!

같은 해 1월이 끝나갈 즈음, 와타나베 부부가 노에의 집에 놀러 왔다. 마침 노에가 『청탑』을 이어받아 여러 가지 사회문제에 관심을 갖기 시작할 무렵이었다. 그것을 알고 있었기 때문인지 와타나베는 아시오(足尾)광독사건에 관한 이야기를 열심히 들려주었다. 잘 알려진 일본 최초의 공해사건이다. 메이지 초기부터 와타라세강(渡良瀬川) 주변은 아시오 광산에서 흘러나온 유해물질 때문에 비참한 상황에 처하게 되었다. 물고기가 죽고, 강이 범람할 때마다 땅이 오염되어 농작물도 키울 수 없게 되었다. 가장 큰 피해를 입은 곳이 야나카 마을(谷中村)이다. 그런데도 당시 정부의 대응은 믿을 수 없을 만큼 가혹했다. 유해물질을 침전시키기 위해 야나카 마을을 폐쇄한 뒤, 그곳을 유수지로 만들기로 하고 주민들을 퇴거시키기 시작했다. 그래도 주민들이 말을 듣지 않자, 정부는 제방공사를 사칭해서 와타라세강의 제방을 파괴하고 일부러 홍수를 일으키기도 했다. 전답이 황폐해지고 생활이 불가능해졌다. 그래도 계속 버티는 사람들이 있었지만 1917년에는 결국 모두 떠났다. 노에가 이 이야기를 들은 것은 사건이 거의 끝나갈 무렵인 1915년이었고 이때 마을은 이미 피폐해진 상황이었다.

노에는 야나카 마을 얘기를 듣고 눈물을 뚝뚝 흘렸다. 용서할 수 있는 일과 없는 일이 있다. 그리고 용서해서는 안 되는 일이 있다. 자신도 무언가 해야 할 것 같다고 쓰지에게 말했더니 그는 코웃음을 쳤다. "자기 일도 제대로 못 하는 주제에 다른 사람 걱정을 하다니, 그건 지나친 센티멘탈리즘이야." 이 말에 노에는 격분했다. 그러는 너는 도대체 뭘 하는데? 돈벌이도 하지 않고 집안일도 아이도 나 몰라라 하는 주제에. 가끔 쓰지의 모친이 도와주러 오기라도 하는 날엔 "여자가 바깥 일을 하는 게 무슨 소용이냐, 그러니까 집안도 이 꼴이고, 네가 그러고 다니니 우리 아들도 일을 안 하는 게 아니냐"며 지긋지긋한 잔소리를 퍼부어 댔다. 망할, 전부 내 잘못이야? 자기 하고 싶은 말은 다 쏟아내면서. 그럴 때 쓰지가 도와주기라도 하면 좋겠는데 구석에서 퉁소나 불고 앉아 있다. 뭐야 이 자식! 다다이스트 쓰지 준이다. 일하지 않고 배불리 먹고 싶다.

와타나베가 다녀간 뒤에 노에는 곧장 그날의 일을 적어 오스기에게 편지를 보냈다. 편지를 받은 오스기는 노에가 야나카 마을에 관심을 갖는 것을 기쁘게 생각했다. 그리고 노에가 왜 자신에게 편지를 썼을까 의아해하다가 결국 이렇게 생각해 버린다. '어라, 나를 좋아하나?' 물론 착각이다. 하지만 사내들은 원래 좀 모자라서 그렇게 생각하기 시작하면 상대를 진짜로 좋아하게 되어버리기도 한다. 오스기는 이미 노에에게 푹 빠져 있다. 꼬시고 싶다. 어떻게 해보고 싶지만 쉽지가 않다. 둘이 만나고 싶어서 『청탑』의 인쇄소에 잠복한 일도 있었는데, 아무리 기다려도 노에는 오지 않았고 호되게 감기에 걸리고 말았다. 바보다. 그래도 사랑이다.

노에를 향한 이런 마음을 떨쳐내려고 오스기는 그해 가을쯤 자신이 이끌었던 프랑스문학연구회의 제자에게 손을 뻗쳤다. 당시 도쿄일일신문에서 일하고 있던 가미치카 이치코(神近市子)이다. 원래 오스기에게는 호리 야스코(堀保子)라는 내연의 처가 있었기 때문에 이 시점에 이미 삼각관계이다. 야스코는 사회주의자 동지인 사카이 도시히코(堺利彦)*의 사촌인데다 젊은 시절에 경찰과 싸워서 체포된 오스기를 뒷바라지해준 사람이기도 하다. 그래서 오스기가 야스코를 배신한 일을 탐탁지 않게 생각하는 동지가 꽤나 많았다. 하지만 오스기는 모르는 척했다. "내가 뭘 잘못했는데? 나는 그저 섹스를 하고 싶을 뿐이야." 오스기의 지론이다. 연애는 자유다..

급전직하, 나도 내 마음을 모르겠다고!

같은 시기에 노에의 사생활도 위태로워졌다. 1915년 5월, 아무래도 쓰지의 거동이 수상해서 추궁했더니 바람을 피웠다고 했다. 상대가 누구냐고 따져 물으니 노에의 사촌인 기미란다. 전에 노에가 스에마쓰 집안을 뛰쳐나왔을 때 숨겨준 사카구치 고모의 딸이다. 노에보다 한 살 어리고 어릴 때 노에 집에서 맡아 준 적도 있어서 둘은 친자매 같은 사이였다. 그런 기미와 바람을 피웠다는 거다. 이게 말이 돼? 노에는 큰 충격을 받은 나머지 아무 말도 하지 못했다. 쓰지에게 환멸을 느낄

• 사카이 도시히코(1871-1933)는 러일전쟁을 계기로 주전론으로 노선을 바꾼 『만조보(萬朝報)』의 기자직을 그만두고, 비전론(非戰論)과 사회주의를 주장하면서 『평민신문』을 발행한다. 고토쿠 슈스이와 함께 일본 최초로 「공산당선언」을 번역하여 1904년 『평민신문』에 실었다.

뿐이었다. 그렇다고 해서 화를 참고만 있을 수는 없었기에, 노에는 쓰지가 자기 사촌을 건드렸다는 글을 써서 공표해 버렸다. 무섭다, 무서워.

그래도 쓰지가 매달리는 바람에 어쩔 수 없이 용서해 주었다. 마침 둘째를 임신하고 있었기 때문이기도 했을 것이다. 같이 살고 있지만 더 이상 사랑하지는 않는다. 그러고는 이 일을 덮으려는 듯이 7월 20일에 혼인신고서를 냈다. 결혼이란 그 정도 의미밖에 없었을 테지. 그리고 곧 출산을 위해 노에는 이마주쿠의 친정으로 향했다. 이런 점에서 노에가 참 대단하다는 생각이 든다. 스에마쓰 집안과의 일로 친척들과 사이가 완전히 틀어졌는데도 노에는 전혀 개의치 않았다. 빌붙을 수 있다면 어디에든 뻔뻔하게 빌붙는다. 손자가 태어나는데 도와주지 않는 부모가 있겠냐며 친정에 들어앉아 거리낌 없이 부모에게 도움을 받는다. 돈 문제 역시 그렇다. 그렇게 폐를 끼쳐놓고도 어려울 때는 언제나 고모부 다이 준스케에게 돈을 얻으러 갔다. 이건 지금도 마찬가지일 텐데 그런 식으로 살아도 되고, 그렇게 살면 인간의 삶은 훨씬 편해질 거라고 생각한다. 11월 4일, 노에는 무사히 차남 류지(流二)를 낳았다.

1915년 12월에 노에는 도쿄로 돌아왔다. 그 소식을 들은 오스기는 이미 마음이 붕 떠 있었다. 이듬해 1월 15일, 오스기는 노에와 폐창 논쟁을 벌였던 아오야마 기쿠에와 함께 노에의 집을 방문했다. 사실 기쿠에는 오스기가 주도하던 프랑스문학 연구회의 제자였기 때문에 직접 만나 둘이 한번 이야기를 나눠 보라며 데려온 것이다. 기쿠에 입장에서는 논쟁했던 상대와의 첫 대면이었으니 분명 긴장했을 것이다. 그런데 기쿠에가 아무리 논쟁에 관련된 이야기를 하려고 해도 노에는 "나는 전문가가 아니라서요"라며 어떤 말도 하려고 하지 않았다. 유치하다. 사실 오스기가 둘 사이에서 중재를 잘 해주면 좋았을 텐데 그렇게 하지 않았다. 그런 건 안중에도 없었을 테지. 노에를 다시 보니 점점 마음이 달아오른다. 푹 빠진 거다!

그 뒤로 오스기는 뻔질나게 노에를 찾아갔다. 물론 쓰지의 눈도 있고 해서 좀처럼 뜻대로 되지 않았다. 어떻게 하면 좋을지 몰랐지만, 마음을 억누를 수도 없었다. 낭패다. 이때의 오스기의 꼴이 정말 이상했던 모양이다. 같이 살던 야스코는 그런 오스기가 수상해서 매일 그를 미행하는 형사에게 오스기가 무슨 짓을 하고 다니는지 물었다. 그러자 형사는 오스기가 노에 집에 드나든다고 일러주었다. "오스기 씨는 노에한테 홀딱 빠져있어요"라고. 어느 시대를 막론하고 형사는 멍청하다. 그 얘기를 듣고 야스코는 북받쳐 울면서 오스기에게 따져 물었다. 뭐 하는 짓이냐고. 그 여자에겐 남편도 아이도 있는데 그렇게도 그 계집이 좋으냐고. 이 말을 듣고 당황한 오스기는 머리를 쥐어뜯으며 이렇게 외쳤다고 한다. "급전직하(急轉直下), 나도 내 마음을 모르겠다고!" 그리고는 종이와 펜을 꺼내 무언가를 휘갈겨 썼다. 야스코가 들여다보았더니 종이에는 오로지 '후안무치(厚顏無恥), 후안무치, 후안무치, 후안무치'라는 한 단어만 쓰여 있었다. 뭐 어때, 신경 쓰지 마!

1916년 2월 초에 결국 오스기는 노에를 집 밖으로 데리고 나오는 데 성공했다. 히비야 공원에서 데이트를 했다. 바로 이때다 싶어 강렬하게 키스를 했다. 노에도 아주 싫지는 않았던 모양이다. 해냈다. 성공이야. 오스기는 의기양양했다. 너무나 기뻤던 나머지 여러 사람에게 떠벌렸다. 아무래도 교제하던 이치코의 집에 묵을 때도 그 얘기를 했나 보다. "나, 노에랑 키스했소." 그때는 이치코도 "어머, 좋았겠네요"하며 맞장구를 쳐줬고 기분이 한껏 좋아진 오스기도 "그럼"하고 대답했다. 그러나 사람의 마음은 알 수 없어서 며칠 뒤에 오스기는 이치코의 편지를 받았다. 절연장(絕緣狀)이었다. 오스기가 깜짝 놀라서 이치코의 집에 가보니 "속였어! 나를 속였어!"하고 소리 지르며 "당신을 죽여버리겠어!"라며 달려들었다고 한다. 왜 저러지? 오스기는 영문을 몰랐다.

사실 오스기는 원래부터 자신의 글에서 자유연애를 주장하며, 사람이 누군가와 어떤 식으로 사귀든 그 사람 마음이지 커플이 아니면 안 된다든가 일부일처제가 아니면 안 된다든가 하는 발상 자체가 이상한 것이라고 공공연하게 말했다. 일반적으로 '자유연애'라고 하면 부모가 정해준 짝이 아니라 본인이 좋아하는 사람과 결혼하는 의미로 사용되지만 오스기의 경우엔 그렇지 않았다. 결혼이나 커플이라는 틀을 걷어치우고 진정한 의미에서 자유롭게 연애를 하자는 것이다. 오스기는 이치코와도 그런 얘기를 나누었고, 그녀도 받아들였기 때문에 이제 와서 무슨 소린가 싶었을 것이다. 물론 연애라는 게 뜻대로 되지 않는다는 사실을 잘 알고 있었을 테지만.

약속 따위 못 지켜, 결혼도 자유연애도 내 알 바 아니야

1916년 2월 말, 노에는 오스기가 원고 집필을 위해 머물고 있던 고지마치(麴町, 현재 도쿄 지요다구의 옛 지명)의 다이이치후쿠시마칸(第一福四萬館)으로 찾아갔다. 원래는 삼각관계든 사각관계든 번거로우니 요전의 키스는 없던 일로 했으면 좋겠다는 말을 하러 간 것 같다. 그런데 공교롭게도 가미치카 이치코가 이 문제에 대해 오스기와 이야기하러 와 있어서, 노에는 두 사람과 맞닥뜨리게 된다. 큰일났다. 어떡하지? 일단은 제삼자가 필요하다는 생각에, 오스기와 가미치카 두 사람의 친구인 미야지마 스케오(宮嶋資夫)*의 집으로 가서 다 같이 얘기해 보기로 했다. 무슨 짓을 하고 다니냐는 질문에 오스기는 자기는 자유연애를 실험하고 있다면서 그 유명한 자유연애의 세 가지 조건을 꺼내 들었다.

1. 서로 경제적으로 독립할 것
2. 동거하지 않고 각자 생활할 것
3. 서로의 자유(성적인 것조차도)를 존중할 것

이것이 자유연애의 규칙이라고 우기는 오스기. 확실히 세 사람, 네 사람과 사귀려고 하면 이런 것이 필요할 것 같긴 하

---

* 미야지마 스케오(1886~1951) 소설가, 승려. 초기 프롤레타리아 문학으로써 다이쇼시대 노동문학을 이끌었다. 오스기 사카에를 만나면서 아나키스트가 되었고, 1915년 『근대사상』의 발행인이 되었다. 1930년 출가했다.

다. 하지만 관념으로만 만들어졌다고 할까, 가르치려 드는 것 같아 왠지 기분이 나쁘다. 노에와 이치코는 일단 알겠다고 했다. 이치코는 진심으로 이 조건들을 지키려고 했지만, 노에는 코웃음을 쳤다. 연애는 자유라며 그렇게 떠들어 대더니, 결국 약속을 하라고? 계약 좋아하시네. 결혼이 남자와 여자, 남편과 아내의 역할을 지키는 계약이라면, 이 조건들은 그저 그보다 조금 느슨할 뿐 다를 바 없다. 한번 정해지고 나면 해서는 안 되는 일들이 늘어나는 데도 그것이 서로에게 더 좋을 거라고? 무엇이 자유란 말인가, 어차피 구속일 뿐이다. 욕심을 부리다 못해 사람을 아예 꽁꽁 얽매 놓으려는 심보다. 사람이 사람을 좋아하는 마음을 아주 망쳐버렸다. 열 받아. 오스기 나쁜 자식!

하지만 오스기는 정말로 그것을 실행에 옮겼다. 3월 9일, 함께 살던 야스코와 별거하고 다이이치후쿠시마관에서 살기로 했다. 노에는 고민했다. 솔직히 쓰지에 대한 마음은 이미 식었다. 하지만 오스기에 대한 마음도 확신이 없는 데다가 그가 말하는 자유연애에 대한 반감도 조금은 남아있었다. 어쩌지? 4월 초에 일단 쓰지에게 그동안 있었던 일을 얘기했다. 그런데 오스기와 키스한 사실을 말하자마자 쓰지의 분노가 폭발했다. "키스만 했는지 뭘 더 했는지 어떻게 알아!"하고 고성을 질러대며 주먹질을 하고 발로 걷어찼다. 그 날 노에의 집에 갔던 사람의 말로는 노에의 왼쪽 눈가가 자줏빛으로 멍들어 있었다고 한다. 가정폭력이다.

이로써 노에의 마음은 확실하게 정해졌다. 마치 무언가에

홀린 듯 며칠 동안 계속해서 오스기의 집에 갔다가 밤늦게 돌아왔다고 한다. 섹스라도 했을 테지. 오스기는 노에가 걱정되어 이대로 자기 집에 머물러도 좋다고 했지만, 노에는 거절했다. 당분간은 혼자 있고 싶다고 했다. 가까이 사는 친구인 노가미 야에코에게도 같은 말을 한 것 같다. 야에코가 회상하기를 이때 노에는 쓰지와 헤어져 혼자서 여유롭게 공부라도 하고 싶다고 말했다고 한다. 야에코도 그게 좋겠다며 오스기 씨는 위험한 사람이니 만나지 않는 게 좋을 것 같다고 조언했다. 맞는 말인지는 몰라도 쓸데없는 참견이다. 노에는 별말 없이 고맙다고 말하고 그 자리를 떠났다.

4월 25일, 노에는 아직 젖먹이인 둘째 류지를 데리고 쓰지의 집을 나왔다. 그날 아침 집을 나설 때 쓰지가 건강히 잘 지내라고 말하자 노에는 반은 우는 얼굴로 알았다고 대답했다. 그리고 며칠 뒤 간다(神田)에 있는 료칸에 머물다가, 29일에 지바(千葉)의 온주쿠(御宿)로 여행을 떠났다. 온주쿠는 예전에 라이초와 오쿠무라가 머물던 곳이다. 아이러니하게도 그전엔 라이초가 온주쿠에서 돌아오지 않아서 노에가 『청탑』의 편집권을 빼앗았는데, 이번엔 노에가 연애 문제로 온주쿠에 갔다가 휴간 상태였던 『청탑』도 결국 폐간되고 만다. 인간은 원래 그런 존재다. 아무튼 온주쿠의 우에노야 료칸에서 7월까지 머물렀다. 그 사이에 오스기가 세 번 정도 놀러 와서 서로 한껏 애욕을 채운 것 같다. 읽고 있자면 조금 민망하지만 두 사람 사이에 오간 편지가 있으니 한번 읽어 보자.

보고 싶소. 가고 싶소. 나의 이 불타오르는 열정을 당신에게 쏟아붓고 싶소. 그리고 또 당신의 열정 속으로 녹아들고 싶소. 나는 이미 정말로 당신에게 점령당하고 말았다오.(이토 노에 앞으로 보낸 편지, 1916년 5월 1일)[34]

또 하나 미안한 점은 어젯밤과 오늘 아침. 아픈 몸을 그렇게 괴롭혔다는 거라오. 나중에 몸에 해가 되지 않으면 좋으련만. 하지만 정말로 기뻤소. 혼치바(本千葉) 역에서 눈을 뜨자마자 당신의 편지를 꺼내 읽으며, 즐거웠던 사흘 간의 추억으로 마치 꿈을 꾸듯이 료고쿠(両国)에 도착했소. 지금도 그 상쾌한 꿈과 같은 기분이 이어지고 있다오.(이토 노에 앞으로 보낸 편지, 1916년 5월 6일)[35]

오스기의 편지가 이랬다면 노에의 편지는 이런 느낌이다.

이렇게 가만히 눈을 감으면 당신의 뜨거운 숨이 밀려오는 것 같은 느낌이 들어요. 내일이면 당신의 목소리를 들을 수 있다고 생각하니 정말 기뻐서 가슴이 두근거립니다.(오스기 사카에 앞으로 보낸 편지, 1916년 5월 3일)[36]

벌써 한 시가 다 되어가지만, 묘하게도 머리가 맑아져 잠이 오지 않아, 글이라도 써볼까 했는데 당신밖에 떠오르지 않아요. 지금쯤 당신은 기분 좋게 주무시고 계시겠죠? 내가 이렇게 당신만을 생각하는지 모른 채. 미운 사람!(오스기 앞으로 보낸 편지, 1916년 5월 9일)[37]

적당히들 좀 하라고 말하고 싶을 만큼 뜨겁다. 좋았겠지. 하지만 그렇게 행복하게만 지낼 수는 없었다. 이 무렵 노에가 쓰지와 헤어졌다는 소식이 알려져, 『만조보(萬朝報)』와 『도신문(都新聞)』 등에 보도되었다. 스캔들이다. 노에와 오스기에게 역풍이 불었다. 이들은 비도덕적이라고 비난받으며 일도 점점 줄어들었다. 신조사(新潮社)는 오스기에게 절연장을 보냈고, 책을 내도 기다렸다는 듯이 간행금지 처분을 받기도 했다. 노에는 오스기에게 소개받은 『오사카매일신문』에 원고를 쓰려고 했지만, 결국 이것도 없던 일이 되고 말았다. 일도 없고 돈도 없다. 어떡하지? 숙박비도 내지 못하게 되었다. 이대로라면 갓난아이가 죽을 수도 있다.

6월 중순, 곤란한 상황에 처한 노에를 보고만 있을 수 없었던 여관 주인이 지바에 사는 와카마쓰란 사람을 소개해 줄 테니 아이를 양자로 보내면 어떻겠냐고 말을 꺼냈다. 노에는 망설였다. 어쨌든 노에 자신이 어렸을 때 남의 집에 맡겨지는 아픈 경험을 했고, 그래서 자기는 절대로 그런 짓은 하지 않겠노라며 어머니에게 분노를 터트리기도 했다. 하지만, 하지만 이대로라면…. 노에는 눈물을 머금고 류지를 양자로 보내기로 했다. 내 아이를 버렸다. 젠장, 젠장, 방법이 없었다. 하지만 이때부터 노에는 정말로 강해진다. 이 마당에 못할 일이 무어냐. 더 이상 잃을 것도 없다. 노에는 점점 홀가분해진다. 내가 간다, 오스기. 노에는 뒤도 돌아보지 않고 오스기의 집으로 쳐들어갔다. 애초에 자유연애에 규칙이 웬 말이며, 경제적 자립이나 별거를 요구하는 것 자체가 말이 안 된다. 연애는 자유다.

좋아할 때 맘껏 애욕을 채우면 그만이다. 약속 따윈 못 지켜, 결혼도 자유연애도 내 알 바 아니야. 노에의 자유가 점점 늘어 간다. 그래, 한번 해보자!

돈이 없으면 달라고 하면 돼, 포기하지 마!

1916년 7월, 노에는 오스기와 함께였지만, 역시나 돈이 너무 없었다. 곤란해진 사람은 고모부였다. 7월 13일, 노에는 오사카 가미후쿠시마(上福島, 현 후쿠시마)에 살고 있는 고모부를 찾아갔다. 그리고는 만나자마자 이렇게 부탁을 했다. "돈, 돈, 돈. 돈 좀 주세요." 당연히 고모부는 노발대발하며 꾸짖었다. 사실 그는 좋은 사람이라서 쓰지와의 관계까지는 이해해주었고 돈을 보태주기도 했다. 하지만 오스기의 경우는 달랐다. 이미 언론에서 부도덕하다고 입방아에 오르내리던 사람이다. 그런 놈에게 귀여운 조카딸을 보낼 수는 없다. 너는 속고 있는 거다. 이번엔 정말 미국에 가도록 도와줄 테니 제발 오스기와는 헤어지라고 했다. 물론 노에는 듣지 않았다.

고모가 감싸주려는 듯 오스기가 어떤 사람인지를 물었다. 노에는 어떻게 설명할지 고민하던 끝에 가방에 있던 오스기의 저서 『생의 투쟁(生の鬪爭)』을 꺼내 들었다. 고모가 책을 펴자, 사카이 도시히코가 쓴 서문에 오스기는 고토쿠 슈스이의 후계자라고 적혀 있었다. 당시 사람들이 생각하기에 고토쿠는 천황의 암살을 시도하다가 처형된 대역 죄인이었다. 고모는 기

겁하며 제발 헤어지라고 소리쳤다. 아, 귀찮아. 노에는 진저리를 내며 오스기에게 이렇게 편지를 썼다.

> 노에는 이제 완전히 지쳤어요. 그도 그럴 것이 이곳에 와서 줄곧 괴롭힘을 당하고 있거든요. 가엾지 않나요? 그래도 꽤 어른스럽게 행동하고 있어요. 하지만 오사카는 정말 넌덜머리가 나요. 이제 돌아가고 싶어요. 돌아가도 괜찮나요? 아직 이른가요? 하지만 이렇게 지내기는 싫어요. 고모는 당신과 편지를 주고받는 일조차 해서는 안 된다고 하는 걸요.(오스기 앞으로 보낸 편지, 1916년 7월 15일)[38]

거 참, 이런 편지를 받으면 남자는 어쩔 도리가 없다. 돈 걱정은 말고 바로 돌아오라고 오스기는 답장을 했다. 노에는 곧 돌아왔지만 역시 돈이 없으면 방법이 없다. 팔월 하순, 노에는 다시 한번 고모부를 찾아갔지만 역시 돈을 받지는 못했다. 하지만 노에가 간절히 애원하자, 고모부는 자신이 존경하는 도야마 미쓰루(頭山滿)* 선생을 찾아가서 그가 돈을 주면 받아도 좋다고 했다. 고모부 생각에는 우익의 보스와 만나게 해서 오스기나 아나키즘과 연을 끊게 하고 싶었을 것이다. 와! 집요하다. 노에는 그 길로 규슈(九州)의 도야마를 방문하여 필사적으로 매달렸다. "돈을 주세요." 줄 리가 없다. 그래도 도야마는 본인은 돈이 없지만, 도쿄에 있는 스기야마 시게마루(杉山

• 도야마 미쓰루(1855~1944)는 일본의 사상가이자 정치가로 메이지, 다이쇼, 쇼와 전기에 활약한 일본 우익의 거장이다.

茂丸)라면 도움을 줄지도 모른다고 알려주었다. 노에는 도야마가 써준 소개장을 들고 그를 찾아가기로 했다. 스기야마는 우익 중에서도 정치가에게 뒷돈을 대며, 정계에 끈끈한 인맥을 가지고 있던 사람이다. 아주 나쁜 사람이다. 여담이지만, 그는 소설가 유메노 규사쿠(夢野久作)의 아버지이기도 하다.

　도쿄로 돌아오자마자 노에는 스기야마를 찾아갔지만, 그는 오스기가 오지 않으면 돈을 줄 수 없다고 했다. 흥, 깔보는 거야? 노에에게 이 말을 전해 들은 오스기는 스기야마를 찾아갔다. 그런데 정작 만났더니 그는 오스기에게 아나키즘을 버리라고 말하는 것이었다. 국가사회주의° 정도라면 돈을 줄 수도 있다고. 그러나 본래 아나키즘이란 어떠한 지배도 부정하는 사상이기 때문에 근본적으로 국가를 인정하지 않는다. 국가란 인간이 인간을 지배하기 위해 만들어진 것이기 때문이다. 물론 스기야마는 이 모든 것을 알고도 굳이 이렇게 비아냥거렸다. 오스기의 답은 정해져 있었다. 아무런 조건 없이 돈을 줄 수 없다면 돌아갈 수밖에. 아무런 성과도 없는 방문이었다. 하지만 스기야마와의 대화에서 "음…, 고토가 말하기를, 고토가 말하기를…"이란 말만은 잊히지 않았다. 고토는 정계의 거물인 고토 신페이(後藤新平)°°를 말한다. 이 기억이 훗날 오스기

• 국가사회주의란 국가를 통해 위로부터의 사회주의를 실현하려고 하는 사상 및 운동으로, 19세기 후반 독일에서 등장했다. 자본주의 자체를 부정하는 것이 아니라, 국가권력의 발동을 통해서 부와 소득의 공정한 분배와 노동조건을 제시하며, 나아가 주요산업의 국유화와 사회정책의 실시에 의해서 원활한 노사관계를 도모하는 적극적인 사회개량주의에 기반한 체제이다.
•• 고토 신페이(1857~1929)는 메이지, 다이쇼시대의 정치가이며, 식민지 경영의 전문가이다.

에게 도움이 된다.

　스기야마를 방문하고 얼마 지난 9월 8일부터 노에는 오스기와 동거를 시작했다. 하지만 오스기도 돈이 없기는 마찬가지여서 머물던 다이이치후쿠시마칸에서 쫓겨나, 지인의 소개로 혼고(本鄕)에 있는 기쿠후지(菊富士)호텔로 거처를 옮겼다. 기쿠후지호텔은 상당히 고급호텔이었는데, 원고료나 번역료가 들어오면 정산할 수 있도록 편의를 봐주어 머물 수 있었다고 한다. 숙소는 그렇다 쳐도 식비마저 부족한 처지여서 두 사람은 매일 식빵과 물로 배를 채웠다. 그래도 노에는 오스기보다 가난에 익숙해서 아주 태평했다. 한번은 아오야마 기쿠에가 두 사람을 방문했는데, 둘 다 아주 즐거워 보였다고 한다. 그러나 그럭저럭 지내면서도 오스기는 어떻게든 돈을 구해 이런 상황을 벗어나야 한다고 생각하고 있었다. 바로 이때 고토가 떠올랐다.

　10월 30일에 오스기는 혼자서 관저를 찾아가서 당시 내무대신이던 고토 신페이에게 면담을 요청했다. 놀랍게도 요청이 받아들여져 응접실에 고토가 나타났다. "무슨 용무입니까?"하고 묻길래, "당신들 내무성이 내 책의 출판을 금지해서 돈이 없소, 그래서 당신에게 돈을 받으러 왔소"하고 솔직하게 말해보았다. 고토는 너무 당황한 나머지 할 말을 잃었다. 이치에 닿는 말인지조차 잘 모르겠다. 하지만 역시 고토다. 통이 크다. 이런 말을 하는 오스기가 싫지 않았다고나 할까, 무척이나 재미있었던 모양이다. "얼마나 필요한가?"하고 물었다. '어, 진짜 준다고?' 오스기가 "삼사백엔"이라고 말하자 정말로 그 돈을 주었다. 지금으로 치자면 백만엔 정도의 금액이다. 와, 제법인데! 주머니가 두둑해지자 오스기는 돈을 흥청망청 써 댔다. 우선 야스코에게 50엔을 주고, 30엔으로 전당포에 맡긴 노에의 기모노와 하오리(羽織)*를 되찾아 오게 했다. 어떻게든 된다. 다이쇼시대의 교훈이다. 돈이 없으면 달라고 하면 돼. 포기하지 마!

귀신 이야기-하야마히카게차야 사건

오스기의 형편이 나아져서 노에가 좋은 기모노를 입고 다닌다는 소문이 동료들 사이에서 퍼졌다. 그가 가미치카 이치코에게 뜯어낸 돈으로 호사를 누리고 있다고 말이다. 사실 오스기가 이치코에게 경제적인 원조를 받고 있었지만 그 정도는 아니다. 그러나 소문은 참 무서운 것이어서, 오스기가 노에에게 홀려 정신을 못 차리고 있다는 얘기가 사실인 양 돌았다. 이때는 사회주의 운동이 어려움을 겪던 시기이기도 했기에, 비난의 화살은 노에에게로 향했다. 11월 2일, 『근대사상』 시절부터 오스기의 동료로 지내온 이소리 고타로(五十里幸太郎)가 호텔로 찾아왔다. 그는 안으로 들어오자마자 노에의 얼굴을 후려갈겼다. 순식간에 일어난 일에 오스기는 깜짝 놀라 쳐다만 보고 있었는데, 얻어맞고 분을 참지 못한 노에가 괴성을 지르

• 옷 위에 걸치는 짧은 겉옷.

며 덤벼들었다. 그리고는 이소리의 발을 걸어 넘어뜨리고 그 위에 올라타 두들겨 패는 것이 아닌가. 노에의 압승이다. 이소리는 울면서 돌아갔고, 오스기는 분이 다 풀리지 않은 노에를 달랬다고 한다.

'안 되겠다, 이대로는 원고조차 차분히 쓸 수 없다.' 오스기는 단골로 다니던 하야마히카게차야(葉山日蔭茶屋, 현재는 히카게차야/日影茶屋)에 틀어박혀서 글을 쓰기로 마음먹었다. 노에도 함께 가고 싶다고 했다.『청탑』을 이어받은 이후로 1916년 2월에 한 번 간행되었을 뿐 완전히 휴간 상태였으니 노에로서도 라이초와 얘기를 좀 해봐야겠다고 생각했을 것이다. 말이 휴간이지 사실은 말아먹은 꼴이 되고 말았기 때문이다. 어쩌면 이런저런 앓는 소리를 하고 싶었을지도 모른다. 그래서 11월 6일, 두 사람은 지가사키(茅ヶ崎)에 있는 라이초의 집을 향해 길을 나섰다.

그러나 정작 라이초는 날이 선 채로 딴소리만 늘어놓았다. 내내 전투모드였다. 비아냥거리듯 노에가 버리고 온 아이에 대해 묻기까지 했다. 나쁜 년. 라이초는 노에가 정말 꼴도 보기 싫었던 모양이다. 머리를 손질하고 한껏 멋을 내고 찾아온 노에에게 라이초는 예전의 야생미가 없어졌다, 꾸민 모습도 전혀 어울리지 않는다, 여관집 하녀 같다며 그날의 노에를 회상했다. 뭔가 라이초다운 못된 성격이 드러나는 말투다. 몹쓸 소리를 들은 노에는 풀이 죽어 라이초의 집에서 나왔고, 오스기는 눈물을 쏟는 노에를 몇 번이고 다독였다. 가엾어라.

그날 밤, 두 사람은 하야마히카게차야에 도착해서 이 층의 가장 구석방에 묵었다. 둘이서 오붓한 밤을 보낸 이튿날, 노에와 오스기는 여관의 하녀와 함께 바다에 나가 뱃놀이를 즐겼다. 아, 여유롭게 지내는 게 좋긴 좋구나. 저녁때가 되어 여관으로 돌아와 목욕을 하고 식사를 기다리던 참이었다. 스르륵, 미닫이문이 열렸다. 가미치카다. 가미치카 이치코가 거기에 서 있었다. 이거 꿈이지? 그 당시를 회상하는 이치코의 기억이 생생하니 인용해 둔다.

> "손님이 오셨습니다"라고 하녀가 말을 전하고 물러섰다. 오스기는 나를 보고 당혹스러운 얼굴을 했고, 하녀도 움찔하는 것 같았다. 그리고 사라지듯 서둘러서 복도를 지나 내려갔다.
> 오스기는 방금 목욕을 하고 나온 유카타 차림으로, 담배를 피우면서 밥상 앞에 앉아 있었다. 노에 여사도 갓 목욕하고 나온 모습으로 상반신을 드러낸 채 경대(鏡臺) 앞에서 화장을 하고 있었다. 내 쪽을 힐끗 보고는 노골적으로 싫은 얼굴을 하고서 옷을 추스르더니, 말없이 계속 화장을 했다. 거북한 분위기였다.[39]

솔직히 절대로 마주치고 싶지 않은 사태다. 이치코가 오싹한 눈빛으로 노에를 노려본다. 오스기는 그 모습이 귀신처럼 보였다고 말한다. 귀신은 무섭다. 원래 오스기는 히카게차야에 노에가 아니라 이치코를 데려가겠다고 약속했던 모양이다. 그런데 노에가 라이초를 방문하고 싶다고 했기 때문에 함께 오게 된 것이다. 물론 이치코의 입장에서는 핑계로밖에 들리지 않는다. 이치코는 오스기가 노에를 데리고 하야마로 갔다는 소리를 친구에게 전해 듣고 피가 거꾸로 솟아 단검을 품고 쫓아왔다. 게다가 고토 신페이에게 돈을 받았다는 사실을 몰랐기 때문에, 이치코는 자기가 보내준 돈으로 두 사람이 여행을 갔다고 생각했다. '이것들이 나를 어디까지 우롱해야 직성이 풀리는 걸까. 너희는 둘 다 죽어야 해.'

우선, 셋이서 저녁을 먹기로 했다. 노에와 이치코는 무엇 하나 목구멍으로 넘어가질 않았다. 오스기 혼자만 맛있다며 우걱우걱 먹어댔다. 그 자리가 바늘방석 같았던 노에는 먼저 돌아가겠다며 서둘러 여관을 떠났다. 그러나 가마쿠라까지 와서야 방 열쇠를 가지고 나왔다는 걸 알았다. '아 젠장. 여관에 전화를 걸어 오스기에게 열쇠를 가지러 오라고 해야겠다.' 그러나 오스기에게 열쇠를 건넸을 때는 이미 밤이 깊어 막차도 끊어졌기 때문에 노에는 다시 히카게차야로 돌아갔다. 그래서 그날은 셋이서 이불을 깔고 내 천(川)자 모양으로 나란히 누워 자기로 했다. 아무도 잠을 이룰 수 없었을 것이다. 지옥이다, 제발 이러지들 좀 마세요. 이튿날 아침 노에는 서둘러 여관을 떠났다.

그리고 그다음 날 밤, 참극이 벌어졌다. 이날 오스기는 노에와 모처럼 좋은 분위기였는데 이치코가 방해하는 바람에 기분이 언짢았다. 이치코도 화가 폭발했다. "노에 씨가 좋은 기모노를 입고 있더군요." 그 소리를 들은 오스기는 욱하며 "돈 얘기로 이러쿵저러쿵할 거면 너랑은 여기서 끝이야"하면서 돈을 다다미 바닥에 패대기쳤다고 한다. 돈 때문에 인연을 끊겠다는 소리를 들은 이치코는 한심하다고 해야 할지 뭐라고 해야 할지 모를 더러운 기분이 들었다. '분하다 분해. 이 기분을 날려버릴 수 있는 건 섹스뿐이야.' 그런 생각으로 이치코는 밤 중에 오스기의 이불 속으로 파고들었지만, 오스기에게 "왜 이러십니까, 당신은 이미 남입니다"라며 거절당하고 말았다.[40] '아아, 이제 다 끝났어. 죽여버리자.' 새벽 세 시, 이치코는 15센티미터 정도 되는 단검으로 오스기의 목을 찔렀다. 으악!!! 칼은 무섭다. 이치코는 장지문을 열고 "용서해 주세요"라고 말하고는 방에서 뛰쳐나갔다. 오스기는 "기다려!"라고 소리치며 아래층까지 쫓아갔다. 피투성이인 채로. 오스기는 찔린 목 때문에 고통스러워하면서도, 여관 종업원에게 이치코가 자살하지 않도록 쫓아가 봐 달라고 부탁했다. 그리고는 의식을 잃고 즈시(逗子)에 있는 지바병원으로 업혀 갔다. 이치코는 바다에 뛰어들어 죽으려고 했지만, 몸이 좀처럼 가라앉지 않아서 해변으로 떠밀려온 것을 경찰이 발견했다. 다행이다.

일어라 파도여, 바람이여, 폭풍이여

11월 9일 이른 아침, 연락을 받은 노에는 바로 병원으로 달려갔다. 위험한 순간도 있었지만, 저녁이 되면서 오스기는 회복했다. 일단 안심이다. 노에는 그 길로 간호태세에 돌입했다. 다음 날 노에가 잠시 밖에 나가 필요한 물건을 사서 돌아오는 길이었다. 그때 이치코의 친구인 미야지마 스케오(宮嶋資夫)를 비롯한 남자 다섯이 병원 앞에 숨어서 노에를 기다리고 있었다. 미야지마는 노에를 발견하자마자 엄청난 기세로 달려들더니, 다짜고짜 노에의 얼굴에 주먹을 휘둘렀다. "네 탓이야! 너 때문이야." 그렇게 말하며 노에의 머리채를 잡아 비에 젖어 축축한 진흙 속에 처박았다. 그리고 남자 다섯이서 웅크린 노에의 배를 마구 걷어찼다. 린치였다. 정도가 너무 심해 차마 두고 볼 수 없었던 경관이 노에를 구해내 오스기의 병실로 데리고 갔다. 여기까지만 해도 몰지각한 행동이다. 그런데 미야지마는 한술 더 떠, 피투성이가 된 채 오스기의 가슴에 얼굴을 묻고 울고 있는 노에를 쫓아와 발길질해댔다. 오스기는 의식은 돌아와 있었지만, 몸은 전혀 움직일 수 없었다. 오스기는 죽여버리겠다는 마음으로 미야지마를 노려보았다. 절교다. 절교다!

미야지마의 행동은 오스기 주변의 사회주의자들의 마음을 대변한 것이라고 많이들 이야기한다. 그들은 1910년의 대역사건 때문에 대대적인 탄압을 받은 이후로 간신히 운동을 일으켜 세웠다. 궁리를 거듭한 끝에 탄압을 받지 않을 만큼의 아슬아슬한 선에서 언론 활동을 이어온 것이다. 이제 겨우 다시 시작해 보려는 참인데, 이 인간들이 연애사건 따위를 일으켜 운동을 망치려 하다니. 언론은 엄청나게 떠들어댈 테지. 사회주의자는 이래서 안 돼, 달리 아나키스트겠어. 놈들은 사회를 더 좋게 만들려는 것이 아니라 사회질서를, 미풍양속을, 도덕을 망가트리려는 것이라고. 사회주의는 사회를 위한 것이라며 애써 설득해 왔는데 오스기와 노에 때문에 엉망이 되었다. 사람들은 사회주의자들을 싸잡아 비난할 것이다. 오스기와 노에는 운동의 민폐다.

이보다 더 분한 일은 같은 해 12월에 『중앙공론』이나 『태양』 등에서 오스기와 노에를 비난하는 글이 실렸는데, 오스기 주변의 사회주의자들뿐만 아니라 청탑사의 예전 동료들도 이에 가담한 것이다. 이런저런 스캔들로 한참 뭇매를 맞았던 단체이니 이럴 때일수록 동료를 감싸줄 법도 한데 그렇지 않았다. 예컨대 라이초는 자기들이 지향한 것은 성도덕의 혁신이지, 부도덕과는 다르다고 말했다.

> 혹은 무도덕 행위를, 심지어 그것이 엄청난 파국을 부르는 행위임에도 불구하고 스스로 깊이 반성도 하지 않고, 오히려 그것이 진정한 신도덕인 양 과시하고 강변하며 자기와 타인을 속인다면 나도 언제까지나 입을 다물고 있을 수만은 없습니다.[41]

라이초에게 진정한 연애란 남녀 커플이 자유롭게 맺어지고 서로 영원한 사랑을 약속하고 영속적으로 공동생활을 영위하는 것이었다. 그것을 막는 구태의연한 가족제도나 도덕은 비판하지만, 영속적인 공동생활을 위한 도덕은 반드시 있어야 한다. 그러므로 그마저도 깨부수는 오스기와 노에의 연애는 라이초에겐 부도덕 이외의 그 어떤 것도 아니었다. 오스기와 노에는 누가, 어떤 형태로, 몇 명을 사귀든 자유라고 말하기 때문이다. 라이초에게 그건 음란일 뿐이었다. 나는 육체적으로든 정신적으로든 한두 사람을 둘러싸고 린치를 가하는 행위가 훨씬 부도덕하다고 생각하지만. 아무튼 십 대 때부터 존경해마지 않던 라이초가 이런 식으로 비난을 했으니 노에도 분명 충격을 받았을 것이다.

　언론의 뭇매는 쉽게 사그라지지 않았다. 불륜이네, 첩이네, 더럽네 등등 세간의 웃음거리가 되었다. 오스기와 노에 두 사람만의 일이라면 그나마 괜찮다. 두 사람 모두 각오한 일이었으니까. 하지만 친척들까지 피해를 보게 되었다. 나고야에 살던 오스기의 여동생 아키가 두 사람의 스캔들 때문에 파혼을 당해서 실의 끝에 자살한 것이다. 오스기가 무척이나 예뻐하던 여동생이었다. 너무나 가슴 아픈 일이다. 모두들 그럴 줄 알았다며 오스기와 노에를 책망했다. 하지만 그렇지 않다. 단언컨대, 소란을 피워댄 언론과 비난 행렬에 동참한 놈들의 잘못이다. 미풍양속? 성도덕? 그런 것들을 지키기 위해서 한 사람의 생명을 빼앗은 것이다. 사회를 위해서라면 사람을 벌레처럼 다뤄도 된다는 말인가? 용서할 수 있는 일과 용서할 수 없는 일이 있다. 그리고 용서해서는 안 되는 일이 있다. 제길, 젠장할. 두고 보자. 사회의 파수견은 반드시 총을 맞는다.

　그 후에 어떻게 되었을까? 오스기가 퇴원하자 두 사람은 잠시 기쿠후지호텔에 틀어박혀 지냈다. 그저 섹스에 몰입했다. 마치 세상의 역풍을 비웃듯. 그리고 보면 청탑사 시절에 노에가 남긴 시구가 있다. '일어라 파도여, 바람이여, 폭풍이여' 불륜 만세, 음란 좋아. 떠들 테면 떠들어라. 짖을 테면 짖어라. 미풍양속을 지키는 개들아. 두 사람의 마음은 아마 이랬을 것이다. 라이초든 누구든 이러쿵저러쿵 지껄이고 있지만, 정말 성도덕이란 게 있다면 유일한 격언은 바로 이것이다. 남의 섹스를 비웃지 마라. 일단 이 당연한 사실에서 시작해 보자.

백치가 되어라

히라쓰카 라이초   출처: 小林登美枝·米田佐代子編,『平塚らい
てう評論集』, 岩波文庫, 一九八七年.
(고바야시 도미에·요네다 사요코 편,『히라
쓰카 라이초 평론집』, 이와나미문고, 1987년)

아오야마 기쿠에   출처: 鈴木裕子編,『山川菊栄評論集』,
(결혼 후 야마카와 기쿠에)   岩波文庫, 一九九〇年.
(스즈키 유코 편,『야마카와 기쿠에
평론집』, 이와나미문고, 1990년)

가미치카 이치코

출처: 神近市子, 『神近市子自伝(人間の記録8)』,
日本図書センター, 一九九七年.
(가미치카 이치코, 『가미치카 이치코 자서전
(인간의 기록8)』, 일본도서센터, 1997년)

마코의 탄생을 축하하며 마코를 안고 있는 노에와 오스기.
뒷줄 오른쪽부터 오스기의 동생들. 노보루, 이사무, 스스무.
출처:『大杉栄全集』第四巻・第五巻, ぱる出版, 二〇一四年
(『오스기 사카에 전집』제4권・제5권, 파루출판, 2014년)

4장

하나가 되어도 하나가 될 수 없다

송이버섯을 보내줘

1917년 9월 25일, 오스기와의 사이에서 노에는 장녀를 출산했다. 이름을 마코(魔子)라고 지었다. '너희는 도덕적이지 못하다, 인간도 아니다, 악마다'라고 엄청나게 비난받고 있었기 때문에 오히려 보란 듯이 악마의 '마'자를 따서 마코라고 지은 것이다. 기가 막힌 이름이다. 좋아하는 사람과 맘껏 섹스를 했을 뿐인데 결혼 약속을 깼다, 불륜이다, 반사회적이다, 비국민이다라는 질책부터 '이 추잡한 것들아. 일본에서 나가라, 이 사회에서 꺼져라!'라는 말까지 온갖 비난이 쏟아졌다. 그래? 그렇다면 그렇게 해 주마. 국가나 사회 따위 아무래도 좋다. 거기서 빠져나와 다르게 살아갈 수 있다는 것을 보여 주겠어. 사랑을 키워나가는 데 좋고 나쁨이 어디 있는가? 결혼제도에도 도덕에도 따르지 말고 대담하게 태도를 바꾸어 내키는 대로 살아

125

라. 마코라는 이름에서 이러한 두 사람의 결의를 엿볼 수 있다.

이쯤 되면 노에가 분노에 차서 부들부들 떨고 있을 것 같지만 의외로 그렇지도 않았다. 언제나처럼 유유자적했다. 그런 노에의 모습은 출산 후 10월 1일, 오사카에 살고 있던 여동생 쓰다 앞으로 보낸 편지에 잘 드러나 있다.

> 별일 없이 지내고 있지?
> 나도 건강하니까 걱정하지 마.
> 지난 25일에 여자아이를 낳았고 이름을 마코라고 지었어.
> 거기는 이미 송이버섯이 나올 텐데, 여기에선 아직 구할 수가 없어.
> 조금이라도 좋으니까 좀 보내줄래? 그 대신 무엇이든 네가 원하는 게 있으면 보낼게.[42]

과연 노에다. 넉살이 좋다. '세간의 지탄을 받고 딸 이름을 마코로 지었구나' 했는데, 다음에 나오는 말이 '송이버섯을 보내줘'라니. 정말 대단하다. 배가 고프면 싸울 수 없다. 먹고 싶다, 먹고 싶다, 송이버섯이 먹고 싶다. 사실 이즈음 노에와 오스기는 송이버섯은커녕 끼니도 걱정해야 할 판이었다. 두 사람이 바닥을 치던 시절이라고 해도 좋을 것이다. 같은 해 3월에 이미 돈이 없어서 기쿠후지호텔에서 쫓겨났고 그 뒤로는 하숙집을 전전했다. 7월 5일에 간신히 정착한 곳이 스가모의 집이었다. 여기서 출산 준비를 했다. 그러나 돈도 없고 일거리도 없었다. 노에의 배만 불러올 따름이었다. 그런데 어찌 된 일인지 그때까지 친구라고 여겼던 무리 중 누구 하나 도와주려

하지 않았다. 이러지도 저러지도 못하고 있을 때 단 한 명, 손을 내밀어 준 사람이 있었다. 무라키 겐지로(村木源次郎)다.

무라키는 원래 고토쿠 슈스이에 심취한 아나키스트로, 1910년 대역사건 전에는 오스기와 함께 데모를 하거나 폭동을 선동해서 경찰에게 체포되기도 했다. 그 후에 폐병을 앓아 앞장서서 활동하는 일은 별로 없었지만 오스기가 궁지에 몰린 걸 알고 도와주러 온 것이다. 스가모의 집에서 같이 살며 유모와 집사 노릇을 하면서 경찰과 우익을 격퇴하는 일까지 떠맡아 주었다. 정말 큰 도움이 되었다. 그는 이때부터 오스기와 마음이 맞아서 죽을 때까지 함께 행동했다. 오스기의 '호신용 주머니칼'이라고나 할까? 호신용 칼이라고 해도 근사한 것이 아니라 주머니 안에만 있었던 사람이었다. 무라키는 글을 쓰지도 않았고 병든 몸 탓에 바깥에서 소란을 피우는 일도 없이 언제나 집에서 빈둥거렸다. 별명은 은자노인. 그러나 특유의 침착함 덕분에 그 존재만으로도 모두가 안심했다. 게다가 어떤 고민거리도 잘 들어주어서 젊은 아나키스트들은 형님 형님 하며 따랐다.

무라키에 의하면 스가모 시절의 오스기와 노에는 너무나 가난했다고 한다. 오죽하면 쌀도 사주지 못해 한 명 있던 식모가 도망갈 정도였다. 그래서 무엇을 먹고 살았을까? 바로 고구마다. 세 식구가 되고부터는 임산부인 노에에게 만큼은 죽을 내주고 오스기와 무라키는 내내 찐 고구마를 먹었던 모양이다. '맛있다, 맛있다, 이걸로 충분해'라며. 나도 그런 적이 있었는데 돈이 없을 때는 감자, 고구마만 한 게 없다. 값도 싸고 배는 엄청 부르다. 또 여차하면 직접 심어서 자급자족도 할 수 있다. 감자, 고구마는 소중하다. 아무튼 이런 상황이었는데도 노에와 오스기는 자기다움을 유지했다.

어느 날 죽은 사회주의자 동지인 노자와 주키치(野沢重吉)의 부인이 생활이 어려워져 찾아온 적이 있었다. 이때 오스기는 웃는 얼굴로 맞이하며 무라키에게 노에의 하오리를 전당포에 맡겨달라고 부탁했다. 전당포에서 5엔을 받아왔다. 앗싸. 무라키는 내심 자기들을 위한 것인 줄 알고 쌀이라도 사겠거니 한 모양이다. 좋았어, 쌀밥이다. 오랜만의 쌀밥이다. 그런 생각에 들떠서 오스기에게 돈을 건네자 오스기는 금액도 확인하지 않고 그대로 노자와 부인에게 주는 것이었다. 아니, 뭐 하는 거야? 무라키는 깜짝 놀랐다. 노에도 잔소리 한마디 안 했다. 부부는 닮는다더니. 돈이 있으면 있는 만큼 펑펑 쓰고 없으면 없는 대로 궁리하며 산다. 돈 없는 사람이 눈앞에 있으면 가진 만큼 다 주면 되고 그렇게 하는 게 당연하다고 생각하는 것이겠지. 좋은 사람들이다. 그러니 이 정도 부탁은 들어주고 싶다. 송이버섯을 보내줘. 알았어, 보낼게.

대단해, 대단해, 나는 대단해

그해 12월 29일, 노에와 오스기는 가메이도(亀戸)의 외딴집으로 이사했다. 오스기가 흔히 말하는 시타마치의 노동자마을에 살아보고 싶다고 해서다. 오스기는 하야마히카게차야

128
마을을 불살라

사건이 일어나기 전부터 노동자 운동을 해보고 싶어서 이론을 소개하고 공부모임을 열기도 했다. 오스기는 기본적으로 노동자의 해방은 노동자 자신의 힘으로 해야 한다고 생각했다. 노동자가 스스로 생각하고 행동하지 않으면 안 된다. 때문에 지식인입네 하며 내려다보면서 하는 얘기는 의미가 없다. 무엇보다도 노동자와 같은 눈높이를 맞추어야 한다는 생각에 가메이도로 왔다. 인민 속으로. 노에도 똑같은 생각이었을 것이다.

마침 제1차 세계대전을 전후로 일본에서도 공업화가 급속히 진행되고 있었다. 도시의 생활양식이 완전히 변했다. 공장에서 일하는 노동자는 당연하다는 듯 열악한 환경에 처해 있었다. 저임금, 장시간 노동, 최악의 위생. 그럼에도 불평을 하거나 병에 걸리면 바로 해고되었다. 노예도 아닌데. 예전 같으면 시골에서 자급자족하거나, 여의치 않으면 다른 사람의 땅을 빌어 푸성귀라도 얻을 수 있었고, 돈이 필요하면 잠시 막노동이라도 하면 될 일이었는데, 이제는 그럴 수 없게 되었다. 일단 도시에서 살기 시작하면 직업이 없이는 살아갈 수 없다는 생각이 머리에 박힌다. 그리고 이런 공포에 사로잡히면 이제는 자본가 뜻대로 된다. "너희들 앞일을 생각해, 죽고 싶지 않으면 시키는 대로 해." 이렇게 심한 소리를 들어도 거역할 수 없게 된다.

오스기는 이것이 노예제와 다를 바 없다고 했다. 자본가와 노동자의 관계는 주인과 노예의 관계와 같다. 죽고 싶지 않으면 내 말을 잘 듣고 열심히 일하라고 말하기 때문이다. 생살여탈권을 박탈당한 인간은 교환 가능한 물건이 되었다. 이런

백치가 되어라

게 바로 노예제이고, 이것이 오늘날 '노동력상품'이라는 발상의 근간이 되었다. 인간이 가축이나 물건처럼 취급된다. 냉혹하다. 더욱더 무서운 일은 이런 상황이 오랫동안 지속 되면 노예가 주인을 숭배하게 되어버린다는 것이다. 몸 바쳐 일하면 주인님이 기뻐하신다, 더 열심히 하리라. 주인님 감사합니다. 오스기는 이를 노예근성이라고 부른다. 노동자는 몸이 부서지라 혹사당하면서도 급료가 조금이라도 오르면 뛸 듯이 기뻐한다. 좋은 회사다, 사장님이 우리를 배려해 준다고까지 생각하게 된다. 노예다. 빌어먹을. 말도 안 되는 소리다.

이 무렵 노동자의 처우가 너무나 열악해서 노동조합이 속속 만들어졌다. 그 가운데 가장 큰 조직이 1912년 결성된 우애회(友愛會)이다. 이 조합에서는 명문대 출신의 지식인이 지도자가 되어 회사와의 교섭에 나서서 노동자의 처우 개선을 꾀하려고 했다. 하지만 이 경우에도 결국엔 노동조합에 가입한 노동자들이 "지도자 여러분 감사합니다. 앞으로도 잘 부탁드립니다"하며 따를 수밖에 없는 상황이 되어버린다. 시키는 대로만 하면 돈을 조금 더 받을 수 있다는 것이다. 이래서야 새로운 주인님이 생길 뿐이다. 게다가 돈을 벌지 않으면 생활이 안 된다. 조금이라도 더 받아야만 한다는 조합의 발상 자체도 회사와 다를 바 없다.

하지만 오스기는 이래서는 안 된다고 말한다. 문제는 주인이 시키는 대로 하지 않으면 살아갈 수 없다는 생각을 당연하게 여기는 것이다. 돈, 돈, 돈. 돈을 좇아가지 않으면 살 수 없다는 생각 자체가 문제이다. 무슨 일이 있어도 이런 감각을 부숴버려야 한다. 파업. 파업이라고 해도 지금의 파업과는 조금 다르다. 단지 공장을 멈추는 것만이 아니다. 목표는 놈들을 해치우는 것. 주인님이라 불리며 거들먹거리는 녀석들을 한번에 날려버리자. 그걸로 부족하면 그들이 애지중지하는 기계를 부숴버리고 건물에 불을 질러도 된다. 싸움이다, 싸움, 난폭해져라.

눈앞에서 자본가가 허둥대고 있다. 이놈들 실은 대단한 놈들이 아니다. 이제 시키는 대로 할 필요 없다. 저놈들보다 내가 더 대단하다. 그래도 혼자서 힘들다면 동료들의 손을 하나, 둘 잡아라. 놀랍게도 혼자서는 할 수 없었던 일들을 해낼 수 있다. 정신 차리고 보면 지금껏 생각지도 못했던 힘을 손에 쥐게 된다. '난 대단해, 엄청 대단해, 뭐든 할 수 있어, 뭐든지!' 한번 이런 감각을 맛본 나는 지금까지의 내가 아니다. 같은 몸이라도 분명히 그 힘이 자라고 있다. 물론 이렇게 파업을 한다면 대부분은 해고될 것이다. 하지만 그래도 괜찮다. 자본가에게 의지하거나, 돈을 벌지 않으면 살아갈 수 없다는 생각은 날려버려라. 자신의 일은 자신의 손으로 한다. 할 수 있다. 그것을 행동으로 옮기는 것이 중요하다.

오스기는 말한다. 한번 이 감각을 회복하면 인간의 삶의 방식은 더욱 자유로워진다. 돈벌이에 연연하지 않아도 된다. 누군가의 평가를 받지 않아도 된다. 만들고 싶은 것이 있다면 만들고, 쓰고 싶은 것이 있다면 쓰고, 노래를 부르고 싶으면 노래를 한다. 누가 어디서 무슨 일을 하든 그건 전부 자유다. 사람이 세상을 살아가는 데 이렇다 할 척도 따위 있을 리

백치가 되어라

없다. 그러니 앞일은 생각하지 말고 있는 힘껏 자기 삶의 힘을 분출하면 된다. 실패 같은 건 없다. 자신의 힘의 크기를 자신이 음미하기만 하면 되는 거니까. 대단해, 대단해, 나는 대단해. 자기 삶의 힘을 착실히 넓혀 나가는 일에 충실해야 한다는 걸 잊지 마라. 오스기는 그것을 '삶의 확충'이라고 부르고, 살아가는 데에 가장 중요한 것이라고 말하고 있다.

가메이도에서의 새로운 생활-어서 와요, 우리 집에

두 사람은 가메이도에서 새로운 생활을 시작했다. 그때 오스기는 노동운동에 힘을 쏟고 있었다. 1918년 1월 1일부로 『문명비판(文明批判)』을 창간하고 편집 및 발행은 오스기, 인쇄는 노에의 이름으로 재출발했다. 그러나 둘이서 잡지를 펴내는 것은 어려운 일이었다. 1월 21일, 오스기가 듣도 보도 못한 건달 두 명을 데리고 왔다. 와다 규타로(和田久太郎)와 히사이타 우노스케(久板卯之助)였다. 앞으로 함께 살면서 편집작업을 도와줄 거라고 했다. 노에 입장에서는 반대할 이유가 없었다. 이미 무라키도 함께 살고 있어서 집안일을 도와줄 사람이 한두 사람 더 늘었다고 생각했을 뿐이다. 어서 와요, 우리 집에.

와다는 언제나 실실 웃는 것이 특징이었는데 친구들에게는 애교가 많았지만 화나게 하는 놈이 있으면 잡아먹을 듯이 달려들었다. 그리고 신나는 일에는 적극적이었지만 좋아하는 여자가 생기거나 일이 귀찮아지면 돌연 행방을 감추고 놀러

가곤 했다. 다른 사람이 자기에게 화를 내도 전혀 겁먹지 않았다. 늘 실실 웃으며 머리를 긁적였다. 그렇게 흐리멍덩한 면이 있어서 모두 그를 '헐랭이'라고 불렀다. 애칭이다.

히사이타는 오스기보다 나이가 조금 위인데 도시샤(同志社) 출신의 기독교 신자이다. 주변의 아나키스트들은 돈만 생기면 들떠서 유곽에 가서 놀았지만 청렴결백한 히사이타는 달랐다. 결벽증처럼 자기는 성욕이 없다며 평생 동정남으로 살았다. 기독교 정신도 지나치면 돈도 명예도 권력도 갖지 못한다. 국가나 자본은 엿이나 먹어라. 여러모로 아나키스트다. 애칭은 '그리스도'다. 사진을 보면 알겠지만, 얼굴도 그리스도처럼 생겼다. 사람 참 좋아 보인다.

덧붙이자면, 이 두 사람의 가난뱅이 생활에는 노에나 오스기도 명함을 내밀지 못했다. 그들이 집으로 들어온 첫날의 우스꽝스러운 모습을 오스기는 이렇게 회상하고 있다.

"이불 같은 건 아예 없나 봐요?"
두 사람의 짐을 본 노에가 나에게 소곤거리며 말했다. 실제로 그들의 짐이라는 게 조금 큰 보따리 한 개가 다였다.
"그럴 리가 없을 텐데…."[43]

그래서 오스기가 이불은 없냐고 묻자, 히사이타가 보따리에서 한 장뿐인 이불을 꺼냈다. 말도 안돼. 1월의 끝 무렵이라고 해도 일본에서 가장 추운 시기이다. 진짜 이것뿐이야? 둘이 대체 어쩌려고. 오스기가 놀란 얼굴로 쳐다보자 히사이타는 설명을 덧붙였다.

　　"아니, 이 이불은 와다 거에요. 이걸로 김밥처럼 둘둘 말고 잡니다."

　　히사이타는 말버릇처럼 '아니'로 입을 열면서 웃으며 설명했다.

　　"그럼 자네 이불은 없나?"

　　"아니요, 있습니다."

　　히사이타는 이렇게 말하고는 얇은 방석 석 장을 꺼냈다.

　　"이게 요입니다. 그리고 위에는 이거하고 저거…."

　　하며 자기가 입고 있는 양복과 딱 한 장뿐인 솜으로 누빈 잠옷을 가리켰다.

　　"제가 가진 옷을 다 덮습니다. 이게 저의 새로운 발견입니다."

　　히사이타와 와다는 진지한 얼굴로 웃어 보였다. 나와 노에는 기가 막혀서 입을 다물었다.[44]

　　그들에게 가난은 아무것도 아니었다. 그래서 두 사람에게 노에와 오스기의 가난한 생활 같은 건 전혀 신경 쓰이지 않았을 것이다. 어찌 됐든 무라키를 포함한 공동생활이 시작되었다. 노에도 글을 쓰기 때문에 그사이 마코를 돌보고 청소나 빨래를 하는 것은 당연히 오스기와 무라키였다. 실제로 오스기가 밖에서 마코와 놀거나 기저귀를 빠는 모습은 여러 동지에게 목격되었다. 노에는 기저귀를 빨지 않는 사람이었다. 귀찮기 때문이다. 마코가 오줌을 싸면 밖에서 꽉 짜서 널었다가 마르면 그대로 사용했다. 그런데 그러면 냄새가 난다. 제일 불쌍한 건 마코다. 그래서 오스기나 무라키가 기저귀를 빨지 않았나 싶다.

그렇다고 노에가 집안일을 전혀 하지 않은 건 아니다. 기본적으로 식사준비는 노에가 한 것 같다. 손이 빨라 음식도 솜씨 좋게 척척 해냈던 모양이다. 그러면서 엄청나게 맛도 있었다. 오스기는 그런 노에에 대해 이렇게 썼다.

> 무척이나 게을렀지만, 막상 부엌칼을 들면 귀찮거나 성가시다는 걸 전혀 모르는 사람처럼 변한다. 먹겠다는 의지가 어지간히 강한 것이다. 음식을 뚝딱 해내는데 그 손놀림도 퍽 볼만하다. 실제로 노에의 요리에 길들여지면 웬만한 요릿집 음식은 도저히 입에 댈 수도 없다. 내가 너무 직관적인가? 조금은 그럴수도 있을 테지. 그렇지만 정말 맛있다. 집에서 대충 만든 투박한 요리가 아니다.[45]

먹겠다는 의지가 강한 것은 송이버섯 이야기에서 눈치챘겠지만, 음식 솜씨도 좋았다고 한다. 함께 살던 와다도, 그 뒤에 신세를 진 곤도 겐지(近藤憲二)°도 같은 말을 했다. 가끔 노에가 집을 비우면 밥이 맛없어서 다들 시무룩했는데, 노에가 돌아오면 신나게 몰려들어 게걸스럽게 밥을 먹어치웠다고 한다. 예전 청탑사 시절에 노에가 스튜덮밥 같은 음식을 열심히

° 곤도 겐지(1895~1969)는 오스기와 노에가 죽은 뒤, 남은 아이들을 돌봤다. 잡지 『노동운동』의 출간을 이어갔다.

만들어 주면, 라이초는 구역질이 난다며 불평했는데 그때와는
달랐다. 가난한 아나키스트 건달들에게 노에가 만든 밥은 요
정의 화려한 음식으로 보였으리라. 그렇다. 노에의 요리는 정
말 맛있다.

싫은 건 싫은 거다

이런 노에였지만 노동자들과는 잘 어울리지 못했다. 그들
이 집 근처 우물가에서 수다를 떨 때도 좀처럼 낄 수 없었다.
오스기라면 커다란 대야를 들고 여자들 틈바구니에 끼어 시끌
벅적 수다를 떨며 빨래를 했겠지만, 노에는 대야에 물을 담아
와 자기 집 마당에서 혼자 빨래를 했다. 한 번은 오스기의 권
유로 여공들이 많이 가는 목욕탕에 마코를 데리고 간 적이 있
었다고 한다. 하지만 아니나 다를까 거기서도 노에는 겉돌았
다. 보나 마나 노에만 말끔한 차림이었을 것이다. 목욕탕에서
도 노에는 북적이는 사람들 사이에서 어쩔 줄 몰라 하며 두리
번거렸다. 그러면 목욕탕 관리인이 굽신굽신 머리를 조아리며
다가와 여공들을 밀쳐내고는, 노에와 마코에게 거울 달린 자
리를 내주는 것이었다. 고마운 일이긴 하지만 그 덕에 주변에
서 차가운 시선이 쏟아졌다. 다들 이렇게 쑥덕거렸다고 한다.

"사람을 바보 취급해도 유분수지. '거울은 저쪽에도 있습
니다'라니. 누가 거울 보러 목욕탕에 와? 망신을 주고 말이야.

정말이지 저 자식…."

"우리도 언제든 돈 한 푼만 쥐여주면 저런 대접을 받을 수 있을 거야. 그깟 푼돈으로 으스대는 꼴이란…."

"누가 아니래. 저렇게 관리인이 굽신대는 꼴이라니 원."

"여배우네 여배우."

"여배우는 무슨. 저것 봐, 애도 딸려 있구만."[46]

도저히 안 되겠다. 노에는 견딜 수 없어서 도망치듯 빠져 나왔다. 그렇지만 돈을 더 많이 냈다는 소리는 오해일 뿐이다. 그러니 한 번 더 가보자는 생각으로 다시 발걸음을 옮겨보아도 역시나 같은 상황이 반복되었다.

씻는 곳으로 간다. 비누를 많이 쓰지 않으면 찜찜하다. 몸도 목욕 대야도 비누 거품으로 가득해진다. 사람들이 흘기는 것 정도는 각오하고 거품을 냈다. 그러자 옆에 있던 여공이 벌떡 일어나 째려보면서 호통을 쳤다.

"아니, 이것 봐요, 이 거품 좀 봐, 더러워 죽겠네, 진짜. 너무 심하잖아. 한 푼만 더 주면 이렇게 귀한 대접을 받는구만, 뭐든 할 수 있고 말이야."

"죄송합니다."[47]

역시나 안 되겠다. 여공들하고는 아무래도 잘 안 맞는 것 같다. 모처럼 목욕탕에 왔는데 내 맘대로 비누를 많이 쓰면서 목욕하는 게 뭐가 문제란 말인가? 그녀들에게 싫은 소리를 듣고 있자니 화가 치미는 것도 당연하다. 얼떨결에 미안하다고 했지만 잘못한 게 하나도 없다. 아마도 이런 노에의 태도를 부르주아라는 등 지식인의 거만함을 떨쳐버리지 못하고 있다는 등 비난하는 사람도 있을지 모르겠다. 오스기도 배운 티를 벗지 못해서 조금은 노동자들과 맞지 않는 구석이 있었겠지만 그래도 그들에게 맞추려고 노력했을 것이다. 하지만 노에는 달랐다. 서민들의 방식인지 노동자의 기풍인지는 몰라도, 그것에 따르라는 소리를 듣는 건 참을 수 없다. 그렇게 된다면 주인이 자본가에서 노동자로 바뀔 뿐, 또 다른 척도가 생기는 것과 다를 바 없지 않은가? 모든 사람이 노동자에게 인정받는 삶의 방식을 따라야 한단 말인가? 주인도 노예도 딱 질색이다. 분명히 말해 두어야겠다. 여공, 열 받는다. 싫은 건 싫은 거다.

당신은 일국의 위정자이지만 나보다 약합니다

시계바늘을 앞으로 더 돌려보자. 1918년 3월 1일, 오스기와 히사이타, 와다가 경찰에 붙잡혔다. 오스기는 이것을 '어이없는 기친야도(木賃宿)사건'이라고 불렀다. 이날 오스기 일행은 친구 집에서 노동운동연구회를 열었다. 그런데 연구회가 끝나고 막차를 놓쳐 집에 갈 수 없게 되자, 와다가 아사쿠사에 단골 기친야도가 있다고 해서 그리로 향했다. 기친야도는 지금으로 말하면 여인숙, 즉 싸구려 숙박업소이다. 다 같이 걸어가다가 취객이 술집 창문을 깨뜨리며 난동을 부려 경찰관에게 둘러싸여 있는 것을 보게 되었다. 취객은 계속 잘못했다고 빌었고 모여 있던 사람들도 용서해 주었다. 그러나 경찰관은 기어코 잡아가야겠다며 사람들의 말을 들으려고도 하지 않았다. 오스기가 "불쌍한데 좀 봐 주쇼"하며 끼어들었다. 그러자 경찰관이 너희들은 뭐냐며 버럭 화를 냈다. 그리고는 미행이 붙은 걸 보고 "네놈들, 사회주의자들이지!"하고 소리치며 그 길로 공무집행방해라며 오스기 일행을 구속해버렸다.

큰일이다. 이튿날, 소식을 들은 노에는 오스기 일행이 구류되어있는 니혼즈쓰미(日本堤)경찰서로 갔다. 우선 오야코동을 넣어 주었다. 딱히 잘못한 게 없으니 곧 나올 거라고 생각했으나 좀처럼 풀려나지 않았다. 다음날도, 그 다음날도. 노에는 마코를 지인에게 맡기고 무라키와 함께 움직였다. 처음 겪는 일이니 분명 긴장했을 것이다. 그러나 오스기는 아랑곳하지 않고 오히려 노에에게 면회나 재판의 방청을 경험할 수 있는 좋은 기회가 될 거라고 했다. 잘난척하기는. 6일에 와다와 히사이타가 풀려났다. 그러나 오스기는 나올 기미가 없었다. 노에가 경찰서에 가서 빽빽대며 따져도 거들떠보지도 않았다. 이게 도대체 어찌 된 일이야. 젠장, 젠장, 젠장. 권력자 놈들…. 노에는 화가 치밀대로 치밀었다. 필사적으로 머리를 굴렸다. 나쁜 놈이 누굴까? 이놈들한테 지시를 내리고 있는 곳은 내무성이겠지? 그 우두머리는… 그렇다! 고토다. 고토가 나쁜 놈이다. 오스기도 같은 생각이었다.

9일에 노에는 불같은 노여움을 담아 내무대신 고토 신페이에게 편지를 보냈다. 사실 이 편지는 2002년에 발견되었기 때문에 원래 전집에는 들어있지 않았지만, 미즈사와(水沢)에 있는 고토 신페이 기념관에 보관되어 있다는 것이 알려져, 그 후 전집 증보판에 수록되었다. 두루마리에 쓴 편지로, 다 펼치면 길이가 4미터에 이른다. 그 길고 힘 있는 문장에서 어마어마한 노여움이 전해진다. "인사는 생략하겠습니다. 나는 일개 무정부주의자입니다." 이렇게 시작되는 편지에서 노에는 우선, 오스기가 왜 구류되었는가, 어째서 오스기만 계속 구류되어야 하는가를 따져 묻고 있다. 그리고는 오스기를 방면하지 않아도 좋다고 말한다. 그 대신 재판 투쟁에서 보란 듯이 미쳐 날뛰어 주겠노라 으름장을 놓았다. 그리고 이렇게 계속된다. 지금 당신에게 오스기를 구속한 이유를 물어보러 가도 될까요? 아니, 지금 가겠습니다. 단단히 각오하고 기다리세요.

나를 미행하는 순사는 당신의 문 앞에서 벌벌 떨고, 당신은 나와 만나기를 두려워합니다. 조금 우습네요. 나는 올해로 스물넷이 되었으니 당신 따님 정도의 나이죠?
그러나 당신보다는 내가 훨씬 더 강한 힘을 가지고 있습니다. 그리고 적어도 그 힘은 당신의 온몸의 피를 거꾸로 솟구치게 할 정도는 됩니다. 그보다 더한 것도 할 수 있어요. 당신은 일국의 위정자이지만 나보다 약합니다.[48]

미치겠다, 너무 멋있다. 이 편지를 우체통에 넣자마자 오스기가 풀려났으니 별 의미는 없었지만, 그래도 할 수 있는 일은 다 한 것 같다. 어쨌든 그 후에도 오스기와 그 무리들이 가끔 잡혀갔기 때문에 면회를 가고 사식을 넣어 주는 일이 노에의 일상 중 하나가 되었다.

주부들이 진짜로 삶을 확충하고 있다

1918년 4월 9일, 『문명비판』이 폐간되었다. 제3호가 인쇄를 마치자마자, 그 자리에서 바로 몰수당하고 말았다. 전에도 말했지만 이런 경우가 가장 나쁘다. 돈만 들어가고 회수할 방법이 없기 때문이다. 결국 빚만 남게 된다. 난감하군. 하지만 노에의 입장에서는 다행이었을지도 모른다. 그동안 일이 너무 많아 고열로 쓰러지기까지 했기 때문이다. 푹 쉬어야 했다. 여유롭게 책도 읽고 싶었다. 6월 30일, 노에는 마코를 데리고 이마주쿠의 친정에 갔다. 이런 걸 보면 정말 노에는 뻔뻔스럽기 그지없다. 불륜 스캔들로 친척들에게 엄청난 비난을 받았지만, 손주를 앞세우면 대충 넘어갈 수 있다는 걸 알고 있었다. 실제로 어머니는 잘 대해주었다. 노에는 마코를 엄마에게 맡기고 책을 읽었다. 얼마나 편한가. 여동생 쓰타는 그런 면에서 언니가 정말 영악했다고 말한다. 노에는 친정에 가기 전에 쓰타가 사는 모지(門司)에 들렀던 모양이다. 그곳에서 뱃삯이며 기차값까지 뜯어냈다고 한다. 돈이 없어도 어떻게든 된다. 역시 노에다.

7월 14일, 오스기도 이마주쿠에 도착했다. 노에의 친척들은 이때 처음으로 오스기와 대면했다. 처음엔 모두 오스기가 무서운 사람일 거라며 경계했지만, 실제로 만나보니 친절하고 밝고 재미있고 무엇보다 잘생긴 사람이었다. 모두 그를 좋아하게 되었다. 다이 고모부는 오스기에 대해 다음과 같이 말하고 있다.

오스기 사카에는 무서운 괴물이라고 세상에 잘못 알려져 있는데, 그 개성을 보자면 실로 친절하고 정이 두텁다. 처음 만났을 때, 그는 말을 더듬어 제대로 뜻이 전달되지 않아 노에의 통역으로 인사를 마쳤다. 하지만 친교를 거듭할수록 말을 더듬지 않고 담소를 나눌 수 있게 되었다.[49]

처음엔 말을 더듬어서 노에가 통역을 했다는 것도 재미있지만, 여하튼 친절하고 정이 많기에 마음에 들었다는 이야기이다. 고모도 고모부만큼이나 오스기가 마음에 들었는지 도움을 주었다고 한다. 이렇게 오스기도 이마주쿠에서 즐겁게 지냈다. 실은 돈도 좀 구해볼 요량이었으나 그건 이루지 못했다. 어쩔 수 없는 일이다.

8월 6일, 노에와 오스기는 여름 휴가를 끝내기로 한다. 그들은 마코를 데리고 모지로 향했다. 그곳에서 증기선을 타고 고베로, 그리고 다시 전차를 타고 오사카에 도착했다. 8월 10일은 마침 오사카에서 쌀소동의 기운이 고조되던 때였다. 오사카의 아나키스트들과 교류회를 열고 신이 난 오스기는 쌀소동이 보고 싶으니 잠시 머물다 가겠다고 했다. 당연했다. 그러나 어린 마코도 있다. 위험할지도 모르는데…. 다음 날, 노에는 마코를 데리고 도쿄로 올라가기로 한다. 내 몫까지 보고 와, 오스기! 약은 오르지만. 아무튼 이렇게 해서 오스기는 오사카의 가마가사키에서 쌀소동을 목격하며 실컷 즐기고 집으로 돌아왔다. 그중에서도 오사카의 폭동은 가장 격렬했고 규모가 컸다고 알려져 있다. 오스기는 꼭 보아야 할 것을 보고 온 것이다.

마을을 불살라

8월 16일, 오스기도 도쿄로 돌아왔다. 그리고 그 길로 이타바시경찰서에 끌려가서 21일까지 예방구금을 당하고 말았다.* 도쿄의 쌀소동에 참가하지 못하게 하려는 당국의 조치였다. 24일에는 우에노 사쿠라기초(桜木町)에서 쌀소동 기념 차담회가 열렸다. 도쿄의 아나키스트들은 진작 구속되어 있어서 쌀소동을 보지 못했기 때문에, 오스기가 오사카에서 본 것을 이야기하는 자리였다. 노에도 참석했다. 큰 충격을 받았음에 틀림없다. 오스기가 본 쌀소동은 이른바 주부들의 폭동이었다. 쌀값이 너무 올라 쌀을 살 수 없었던 주부들이 쌀집을 덮치고 그 자리에서 염가 판매소를 만들었다. 자신들이 살 수 있는 가격으로 팔도록 했다. 그 값에도 살 수 없는 사람들은 돈도 내지 않고 쌀을 가져갔다. 쌀집 주인이 안 된다고 하면 고함치며 욕을 퍼부었다. 그래도 안 되면 불을 질렀다. 어차피 못 먹는다면 아예 쌀을 다 태워버리겠다는 것이다. 경찰이 오면 남자들도 가세해 몸싸움을 하며 돌을 던졌다. 수만 명의 힘으로 판을 뒤집었다. 압승이다.

이 일이 노에에게는, 여자는 집안에 갇혀서 남편을 뒷바라지하고 남편이 번 돈으로 살림만 해야 하며, 이것도 안 된다, 저것도 안 된다며 구속받고 살아온 여성들이 그곳에서 뛰쳐나가는 것을 의미했다. 주부의 본보기로, 검소한 소비자로 살며 집을 지켜라. 그렇게 강요당해온 여성들이 아내로서 주부로서

• 형기가 만료된 후에도 개전(改悛)하지 아니할 것으로 여겨지는 사람을 범죄예방 차원에서 계속 구금하는 처분. 1908년에 영국의 범죄방지법에서 창설된 제도로, 일본에서는 일찍이 치안경찰법 하에서 사상범에게 적용되었다.

백치가 되어라

소비자로서의 자신을 벗어던지고, 무엇이든 할 수 있고 나는 대단하다며 스스로 살아가는 힘을 폭발시키고 있다. 삶의 확충이다. 주부들이 진짜로 삶을 확충하고 있다. 남편에게 의존할 필요 없다. 돈 같은 건 없어도 어떻게든 된다. 쌀을 훔쳐서라도 먹고 살면 된다. 내 일은 내가 한다. 할 수 있다. 쌀소동의 주부들은 이런 감각을 생생하게 손에 넣었다.

마코는 엄마를 까맣게 잊어버렸습니다

도쿄로 돌아온 노에와 오스기는 다바타(田端)로 거처를 옮겼다. 월세가 밀린 채 가메이도의 집에 눌러앉아 지내다가, 집주인이 50엔을 줄 테니 제발 좀 나가달라고 했기 때문이다. 정말 운이 좋다. 하긴, 사람들이 겁내는 아나키스트 오스기 일당이 그대로 눌러앉기라도 하는 날엔 집주인도 당해낼 재간이 없을 것이다. 월세를 받으러 가면 뺀질대며 피해 다니고, 그렇다고 강하게 나가자니 그땐 또 무슨 일을 저지를 것만 같았다. 경찰을 불러본들 오히려 신이 나서 소란을 피워댄다. 당시 오사카의 아나키스트들 사이에서는 월세를 내지 않고 버티는 세입자운동(借家人運動)이 유행하고 있었다. 도쿄의 오스기 일당도 그런 사례에 해당될 것이다.

참 한결같이 가난했다. 다바타에서 살게 되자 오스기는 어디에선가 염소 한 마리를 데리고 왔다. 배가 고프면 젖을 짜서 모두가 나눠 마실 수 있었다. 이건 뭐 두말하면 잔소리, 영양 만점이다. 염소는 여러모로 쓸모가 많았는데, 노에가 책을 읽을 때면 오스기가 마코를 밖으로 데리고 나가서 염소 등에 태우곤 했다. 그리고는 호탕하게 웃으면서 '자, 말님이시다'라며 놀아주었다. 염소, 최고다. 그리고 가난해도 할 수 있는 일은 얼마든지 있다. 섹스다. 이때부터 노에는 거의 매해 아이를 낳는다. 1919년 12월 24일, 둘째 딸 엠마를 출산했다. 엠마 골드만의 엠마다. 이 아이는 얼마 지나지 않아 오스기 여동생의 양녀로 가게 된다. 1921년 3월 13일에는 셋째 딸 엠마를 낳았다. 놀랍게도 둘째와 같은 이름을 지어주었다. 1922년 6월 7일에 태어난 넷째 딸 루이즈는 파리 코뮌에서 대활약을 했던 아나키스트 투사 루이스 미셸*의 이름을 땄다. 1923년 8월 9일에는 장남 네스토르. 러시아 혁명 때 우크라이나에서 게릴라 활동을 했던 네스토르 마흐노**에서 딴 이름이다. 닥치는 대로 아이를 낳고 되는대로 이름을 지었다.

그 이후의 생활에 대해서도 미리 말하겠다. 노에와 오스기는 얼마간 도쿄를 전전하다가, 1920년부터 1921년 사이에 환경이 좋은 곳에 살고 싶어서 가마쿠라(鎌倉), 즈시(逗子)로 옮겨 다니며 살았다. 그러나 활동이 바빠지자 다시 도쿄로 돌아와 고마고메(駒込)에서 살았다. 대개는 집에 얹혀사는 동지가

• 루이스 미셸(Louise Michel, 1830~1905)은 19세기말, 20세기초 프랑스의 대표적인 여성 아나키스트이다. 1871년의 파리코뮌에서 활동하였고 '붉은 성녀(rierge rouge)'로 불리기도 했다.

•• 네스토르 마흐노(Нестор Іванович Махно, 1888~1934)는 우크라이나에서 농민 아나키즘운동을 했다. 볼셰비키 독재의 경향이 짙어지자 협조를 거부했다.

있었다고 한다. 노에의 입장에선 반길 일이다. 책을 읽고 싶을 때 애들을 맡겨도 되고 먹을거리만 조금 있으면 그럭저럭 지낼 수 있다. 월세를 독촉받아도 모두의 힘으로 어떻게든 될 테고, 가끔 친정에라도 가서 맛있는 걸 먹고 오면 되니까. 특히 루이즈를 낳았을 때는 아직 어린 엠마만 데리고 친정에 눌러앉아 엄마에게 애 보는 일을 아예 맡겨버리기도 했다. 아이구 편해라! 집에 안 갈래.

친정에만 가면 좀처럼 돌아오지 않는 노에 때문에 외로워진 오스기는 빨리 돌아오든가 아니면 최소한 편지라도 좀 제대로 보내라며 화를 낼 정도였다. 그런데도 노에는 맛있는 새우나 게를 먹었다며 편지를 보내곤 했다. 화가 난 오스기는 노에에게 이런 편지를 썼다.

> 마코는 밉상을 떤다니깐. 엄마가 어찌 지내는지 하나도 물어보질 않는구려. 내가 매일 한 번씩 엄마 얘길 들려줘도 전혀 관심 없는 얼굴을 한다오. 그리고 누가 물어보면 설날에 만날 테니 괜찮다고 말한다오. 그렇지만 엠마와 루이즈 얘기라면 조금은 관심을 보이지. 참 이상한 아이라오.[50]

마코는 엄마를 까맣게 잊어버렸습니다. 엠마와 루이즈 얘기만 한다고 하네요. 심술궂은 오스기. 그렇지만 오스기의 마음도 이해는 된다. 요컨대 오스기는 노에만 쳐다보고 있는 거다. 좋아한다고!!!! 어쩔 수 없잖아.

결혼제도란 노예제이다

그렇다면 이렇게 생활하면서 노에는 '가정'을 어떻게 생각하고 있었을까? 조금 이론적으로 말해보겠다. 노에는 오스기와 함께 살면서부터 결혼제도 자체를 부정하게 되었다. 타파하자, 타파하자. 노에는 오스기가 번역한 르투르노*의 『남녀관계의 진화(男女関係の進化)』를 참고해서 다음과 같이 쓰고 있다.

> 도덕도 법률도 종교도 그 무엇도 존재하지 않았던 혼돈의 몽매야만(蒙昧野蠻)의 시대부터 남자는 주인, 여자는 노예였습니다. 남자는 소유자요 여자는 재산이었습니다. 그리고 오늘날 문명의 시대에도 여자는 그 종속적이고 굴욕적인 위치에서 벗어나지 못했습니다. 여자는 지금도 역시 몽매한 시대처럼 자신의 몸을 제공해서 남자에게 생활의 보증을 얻는 것 외에는 달리 살아갈 방도가 없습니다. 한 명의 남자에게 일생을 바치는지 아닌지의 차이는 있습니다만, 그러나 여자의 몸이 남자의 야심이나 돈, 권력 때문에 자유롭지 못한 일이 많다는 것은 결코 당연하다고 말할 수 없습니다.[51]

고대부터 결혼제도란 노예제였다. 여자는 남자에게 예속되어 남자의 소유물로 취급된다. 여자는 가장 다루기 쉬운 노예이며, 성적인 부분부터 가사, 육아를 포함해서 남자를 위해 봉사하는 존재로 취급되어왔다. 노예이기 때문에 당연히 가축처

• 르투르노(Charles Jean Marie Letourneau, 1831-1902)는 사회진화의 입장에서 사회 여러 제도의 발전을 설파한 인류학자이다.

럼 물건이나 상품으로 교환되었다. 그 척도는 남자의 말을 얼마나 잘 듣는가이다. 그것이 여자의 가치로 여겨지고 또 아내의 역할이라고 일컬어지게 되었다. 남자는 주인, 여자는 노예.

남편의 역할은 '너는 일이나 해!'라며 아내에게 채찍질하는 것이고, 아내의 역할은 그에 묵묵히 순종하는 것이다. 아니, 그렇게만 말할 일은 아니다. 처음에는 뜻을 거스르면 남편이 때리거나 죽일지도 모른다는 공포 때문에 복종하지만, 노예로 취급받는 것에 익숙해져 버리면 여자들은 좋은 아내라는 사실에 오히려 기쁨을 느끼면서 자신에게 채찍을 휘두르게 된다. 아, 주인님. 아파요. 고맙습니다. 노에는 오스기의 말을 빌려 이것을 여자들의 노예근성이라 말한다.

근대에 들어서도 이런 상황은 변하지 않는다. 남녀관계가 형식적으로는 평등하다고 하지만 새빨간 거짓말이다. 그 뿌리는 바로 노예제이다. 일단 가정을 이루면 남녀 사이에는 남편과 아내라는 역할이 주어지고, 명백히 불평등한 관계가 강요된다. 남편은 아내를 부양하고 아내는 그 보답으로 남편의 시중을 들어야 한다. 즉 남편에게 부양받지 못하면 살아갈 수 없다, 죽을 수밖에 없다는 소리다. 따라서 무슨 일을 당하더라도 남편에게 복종하는 성적 노예가 되어버린다. 물론 이렇게 생각하면 결혼생활을 견디기 힘들다. 그럴 때면 어김없이 고개를 내미는 노예근성. 오늘부터 나는 성실한 아내가 된다. 기꺼이 성실한 노예가 된다.

노에는 말한다. 여자는 남자의 노예이고 사유재산이다. 그리고 이를 가장 잘 드러내는 것이 정조관념이다.

여기서 다시 정조란 것에 대해 생각해봅시다.

세상이 문명화됨에 따라 최초에는 평등했던 인간과 인간 사이에 계급이 생기고, 권력이 발생하고, 도덕과 법률, 종교가 생기면서 풍속이나 관습에 커다란 변동이 일어났습니다. 그리고 인간의 생활에 계속 일반적인 규칙이 세워집니다. 그 첫 번째 규칙은 재산에 대한 권리입니다. 소유권을 갖는 것입니다. 그리고 그 소유권의 주장은 물론 여성에게 십분 발휘됩니다.

몽매야만의 인간 사이에서 여자의 소유자는 자기 마음대로 여자를 타인에게 빌려주거나 팔기도 합니다. 또 손님을 접대하는데 여자를 제공하는 일도 있습니다. 하지만 주인의 허락 없이 다른 남자와 접할 경우, 즉 간통(姦通)은 실로 엄중히 그 죄를 묻습니다.[52]

이 책에서도 몇 번인가 간통죄 이야기를 했지만, 일본에서는 근대에 이르러서도 구태의연한 법률이 있었다. 남성은 미혼여성과 관계를 맺어도 처벌받지 않지만 여성은 결혼한 상태에서 바람을 피우면 처벌받는다. 여자는 정조를 지켜야 한다. 여성은 남성의 소유물이고 사유재산이기 때문이다. 사유재산이 제멋대로 나가버리는 것은 절대로 있어서는 안 되는 일이고, 또 그것을 훔치는 행위도 범죄이다. 말하자면 정조니 간통이니 하는 게 존재하는 이유는 여성이 사유재산인 노예로 취급되고 있기 때문이다. 망할. 더군다나 이는 가정에 국한된 이야기가 아니다. 노에는 이 일을 청탑 시절부터 해왔던 주장과 결부시키고 있다.

우리는 여성의 몸이 경제적 상품이 된다는 더욱 노골적인 증거가 바로 매음이라는 사실을 알고 있습니다. 지식과 교양을 지닌 상중류 부인들 대다수가 그것을 멸시하거나 동정하지만, 남편이 있는 부인들이라 해도 오십보백보이지 않습니까?[53]

위의 글은 예전부터 창부를 '천업부'라고 부른 부인교풍회를 노에가 비난한 것이기도 하고, 그에 더해 중산계급의 부인들에게 당신들도 다를 바 없다, 남자의 성적 노예이며 경제적 상품이 아니냐고 되묻고 있는 것이기도 하다. 물론 그것이 좋다는 얘기는 아니다. 여성이 노예로 취급되거나 경제적 상품으로 취급되는 것 그 자체가 나쁘다고 말하는 것이다.

나는 모든 인간사회의 인위적인 차별이 철폐되어 인간이 가진 모든 노예근성이 송두리째 일소되어야 한다는 이상(理想)을 가지고 있습니다. 그리고 바로 그 이상에서, 모든 부인의 마음에서, 자신을 속박하고 있는 정조라는 노예근성을 뿌리 뽑아야 한다고 주장하는 것입니다.[54]

해야 할 일이 눈앞에 보인다. 타파하라, 타파하라. 간통죄 필요 없다. 정조관념 필요 없다. 결혼제도 필요 없다. 좋아하는 사람과 맘껏 섹스하고 내키는 대로 사는 거다. 태초에 행동이 있었다. 여성들의 마음에서 노예근성을 뿌리 뽑자.

하나가 되어도 하나가 될 수 없다

그렇다면 노예근성을 어떻게 뿌리 뽑아야 할까? 노에는 가까운 일상생활에서부터 생각해보기로 했다. 무엇에도 얽매이지 않고 사람이 서로 사랑한다는 건 어떤 것일까? 지금까지 노에 자신도 자유로운 연애를 갈구해 왔지만, 결국 그건 무엇이었을까? 이런 것들을 결혼제도나 가정과의 관계에서 다시 생각해보자.

물론 남자와 여자가 사랑하기까지는 쌍방이 어느 정도 서로를 이해하는 것이 일반적이지만, 서로 믿고 사랑하면서 두 사람이 완전히 동화되어 하나의 생활을 영위하려고 노력하는 것이 지금은 보통이라고 여겨지는 것 같습니다.

나는 이런 것이 진정한 연애라고 믿지 않습니다. 이런 연애가 파멸에 이르는 것은 조금도 이상한 일이 아니라고 생각합니다.[55]

아마도 이것이 노에가 주장하는 연애론의 핵심일 것 같다. 아무리 사랑한다고 해도 두 사람은 결코 하나가 될 수 없다. 사랑하고 서로가 원해서 섹스를 해도 두 사람은 절대로 하나가 될 수 없다. 왜냐하면 둘은 전혀 다른 사람이기 때문이다. 말하자면 인간은 각자 다른 개성을 가진, 그 무엇과도 바꿀 수 없는 존재라는 말이기도 하다. 처음에는 상대가 무엇에 기뻐하는지 알지 못한다. 각자의 감성이 다른 것이다. 하지만 그렇기 때문에 몸과 마음을 다해 서로에게 더욱 잘해주려고 한다.

사랑하는 사람을 더 기쁘게 해주고 싶어. 모르겠어. 잘 모르겠어. 하지만, 하지만.

이를 반복하는 사이에 사랑하는 두 사람은 혼자라면 깨닫지 못할 새로운 기쁨을 발견하게 된다. 그렇구나, 내가 이런 쾌락을 맛볼 수 있구나, 저런 쾌락도 맛볼 수 있구나. 또한 이렇게 소중한 사람과 만나게 된 자신의 신체는 지금까지와는 전혀 다른 신체가 된다. 같은 몸이라고 해도 확실히 그 힘이 커지고 있다. 틀림없이 이건 삶의 확충이다. 섹스는 상냥함의 육체적 표현이다. 하나가 되어도 하나가 될 수 없다. 이야말로 진정으로 애정을 키워나가는 것이다.

그런데 희한하게도 사람들은 그런 애정을 두려워하기도 한다. 상대를 완전히 독립적인 존재로 대하다 보면, 몇 번을 만나도 처음 만나는 것처럼 상대가 낯설게 느껴지기 때문이다. 불안하다, 외롭다, 못 견디겠어. 그래서 더더욱 결혼제도 속으로 도망치려 한다. 남자와 여자는 부부의 약속을 교환함으로써, 사랑의 계약을 맺음으로써 하나가 될 수 있다. 아니 그게 자연스러운 것이라고 믿고 싶어한다. 그리고 마치 섹스의 쾌감이 그 일체감의 표현이라고 착각한다. 대부분 이렇게 '가정'이라는 하나의 집단에 동화되고 마는 것이다. 자, 이제 더 나은 가정을 만들기 위해 같은 집단의 구성원으로서 서로 계약을 맺고 역할을 수행하자. 남편으로서, 아내로서. 성별 역할분업. 이것이 바로 노예근성에 얽매이게 되는 경로이다.

그리고 부부관계에 대해서 말해보겠습니다. 이 또한 종

래와는 완전히 달라졌다고 하지만, '이해'한다는 구실 아래 어느 정도 서로가 자기 의지를 주장하지요. 그리고 어떤 사람들은 '이해'만으로 만족하지 않고 '동화'를 강요합니다. Better half라는 단어를 얼마나 존중하고 있나요?

사랑에 푹 빠져 있을 때는 가능한 한 서로의 월권을 받아주며 기뻐합니다. 그러나 점점 그것을 용납할 수 없게 되어 결혼 생활에 그늘이 드리워집니다. 만약 그렇지 않다면, 대부분은 둘 중 하나가 자기의 생활을 잃어버린 채로 살고 있는 것입니다. 그런 경우, 불리한 역할은 여자의 몫입니다. 그리고는 자기의 생활을 잃어버린 것을 '동화'되었다며 서로 기뻐합니다. 이것을 바람직한 Better half라고 생각하겠지만 실은 엄청난 착각입니다.[56]

과연 노에답게 조금 빈정대는 글이다. 가정에 동화되어 남편과 아내의 역할을 짊어지게 되면, 그때부터 반드시 둘 중 누군가는 상대를 뒷바라지하기 위해서 자기 생활을 잃어버리고 만다. 그리고 대부분의 경우 그것은 여성이다. '저는 좋은 아내예요'라며 행복해하고 있을 때가 아니다. 그건 말도 안 되는 착각이라고 말하는 노에. 심술궂다. 하지만 이런 노에 역시 좋은 아내가 되려고 한 적이 있었다.

그렇지만 '가정'이라는 형식을 갖춘 공동생활을 하다 보면, 어느새 나조차 보통의 '아내'들이 가질 법한 틀에 박힌 생각을 하게 됩니다. 적어도 당신과 일에 관한 이야기를 하거나 당신의 일을 돕거나 혹은 동지들과 이야기할 때에는 그렇지 않았지만, 당신과 단 둘만의 '가정'이라는 분위기 속에서 나는 '아내'라고 자부하며 모든 것을 도맡아 처리했습니다. 그리고 지금은 중요한 일에 임할 때조차도 '남편의 일을 잘 이해하는 총명한 아내'라는 인습적인 자부에 굴복하게 되고 만 것입니다. 그러면서도 나는 그 사실을 조금도 알아차리지 못하고 있었습니다.[57]

이 글은 오스기 앞으로 보낸 편지 형식의 글이다. 오스기와 함께 살기 시작하면서 결혼제도를 부인하고 남녀를 따지지 않고 자유롭게 살아갈 것이라 생각했지만, 아무리 노력해도 문득 정신을 차려보면 결국 아내의 역할을 받아들이고 있다는 것이다. 노에는 매일 함께 밥을 먹고 싶은데 오스기는 연락도 없이 집에 들어오지 않는 일이 종종 있었다. 그럴 때면 화가 치민다. 집에 돌아와도 그는 밥을 먹지 않고 동료들과 함께 활동에 관한 이야기에 정신이 팔려 있다. 아니면 책상에 앉아 새벽까지 글을 쓰곤 한다. 그것만으로도 싫은데, 노에는 자기도 모르는 사이에 몸을 움직여 차를 끓여 낸다. 좋은 아내로서 남편 뒷바라지를 하고 만다. 몸에 밴 노예근성. 싫다, 싫어. 어떻게든 떨쳐버려야 한다.

우정이란 중심이 없는 기계다
-이제 인간을 그만두고 재봉틀이 될 때가 온 것 같다

그렇다면 가정에 얽매이지 않는 남녀관계란 도대체 무엇일까? 그 밑바탕에 깔린 것을 도대체 뭐라고 불러야 하는 걸까? 노에는 이렇게 말하고 있다.

> 나는 앞서 양성 문제를 생각하는 것에 흥미를 잃었다고 했으나, 사실 친밀한 남녀 사이를 이어주는 제일 중요한 것은 결코 '성의 차별'이 아니라 인간과 인간 사이에서 생겨나는 가장 깊은 감격을 지닌 '프렌드십'이라고 굳건히 믿게 되었습니다. '성의 차별'은 그저 동성 간의 '프렌드십' 이외에, 그것을 거드는 힘이 될 뿐이라고 생각하게 되었습니다.[58]

중요한 것은 성욕 자체가 아니라 프렌드십이다. 서로의 개성을 존중하는 우정이야말로 중요하다. 앞에서 했던 섹스 이야기를 떠올려보자. 기본적으로 '하나가 되어도 하나가 될 수 없다'. 사랑하는 두 사람은 다른 사람과 바꿀 수 없는 개성을 가진 존재이기에 완벽하게 하나로 동화되는 것은 불가능하며, 누구로라도 대체 가능한 남편이나 아내와 같은 역할을 갖는다는 것도 가능할 리 없다. 또한 절대 서로 완벽하게 이해할 수 없기 때문에 오히려 서로에게 친절하게 행동하고, 그때까지 생각지도 못했던 기쁨을 손에 넣을 수 있다. 그렇게 시행착오를 거듭하면서 서로의 역량을 향상시키며 애정을 키워나가자는 것인데, 노에는 그걸 우정과 매한가지라고 말하고 있다. 오히려 연애란 우정 위에 섹스가 얹혀 있는 것일 뿐이라며.

당연한 일이겠지만 친구 사이에 주종관계란 있을 수 없다. 계약도 필요 없다. 그런 게 튀어나오는 순간 우정은 사라져버린다. 친구와 노는 것은 그저 즐거워서이다. 예를 들면 낚시를 좋아하는 사람은 혼자서도 즐거울 테지만 낚시친구가 있

백치가 되어라

으면 또 다른 재미가 생긴다. 경쟁을 하기도 하고 서로 몰랐던 것을 가르쳐 주기도 한다. 함께 잡은 물고기를 요리해서 술 한 잔 주고받으면 더 바랄 게 없다. 분명히 혼자라면 맛볼 수 없었던 기쁨을 맛보는 것이다. 지금 문득 『낚시바보일지(釣りバカ日誌)』*가 떠올랐는데, 낚시친구 사이가 사장과 평사원이라 해도 거기에 주종관계를 가져오는 순간 끝장이다. 그러면 낚시가 재미없어진다. 무엇보다도 낚시법도에 어긋난다. 접대 골프도 아니고 말이다. 따라서 회사나 가정과는 달리 친구를 하나의 집단에 동화시키는 것은 불가능하다. 우정, 소중하다.

나아가 노에는 흥미롭게도 우정을 키워나가는 행위를 기계에 견주어 설명하고 있다.

복잡 미묘한 기계를 만지다 보면, 나는 복잡하고 미묘함이 요청되는 것일수록 특히 '중심'이 필요하다는 논리가 통하지 않는다는 생각이 듭니다. 각각의 부분이 모두 하나하나의 개성을 가지고 사명을 다해 일하고 있습니다. 그리고 서로 부분적으로는 맞물려 움직이지만, 필요한 연락의 범위를 넘어서까지 다른 부분에 작용하는 일은 결코 용납되지 않습니다. 그렇게 서로 정직한 동작의 연락이 하나의 완전한 작업이 되어 나타납니다.

인간 집단에 대한 이상도 역시 그렇게 가야 한다고 나는 생각합니다. 그러나 현재로서는 이러한 이상은 허락되지 않네요.

그러나 기계 부분 부분의 상호 접촉에서는 우리가 배워야 할 점이 있다고 생각합니다.[59]

• 1979년부터 연재된 일본의 낚시만화로 드라마, 애니메이션, 영화로도 만들어져 전 국민에게 인기를 끌었다.

이 말만 들으면 굉장한 기계를 떠올리겠지만, 노에가 이미지로 삼고 있는 기계는 '미싱'이다. 요즘 사람들이 보면 좀 시시하겠지만 무슨 말을 하려는 지는 잘 알 수 있다. 기계라는 건 그 구조가 복잡할수록 중심이 존재하지 않게 된다는 것이다. 모두가 말단의 부품이며 각각 개성을 가지고 독자적으로 움직인다. 그러나 독립된 것은 아니고, 각각 서로 연락은 취하되 부품끼리 톱니바퀴를 맞물리면 단일체로서는 할 수 없었을 움직임이 가능해진다. 물론 그게 싫다면 톱니바퀴를 맞물리지 않으면 되고, 또 다른 부품과 맞물리면 완전히 이질적으로 움직이게 된다. 이는 위로부터 명령을 내려 어떻게 움직여야 할지를 처음부터 결정하는 중심이 없기 때문에 가능한 작업이다. 끊임없이 힘이 확장되어 변화를 이루어 간다. 정해진 것이 없으니 점점 더 복잡한 움직임을 시험해 볼 수 있다. 미싱이란 이런 부품들이 조합된 하나의 결과이다.

여기에서 우리가 알 수 있는 사실은 이것이 노에의 연애론이자 우정론이며 또한 운동론이라는 점이다. 오스기라면 이를 '자유연합'이라는 조금 딱딱한 말로 설명할 것이다. 노동운동의 전국조직을 결성할 때도 거기에 지배 관계를 만들어서는 안 되며, 조합 규모의 대소를 묻지 않고 모든 조합의 개성을 살린 연합조직을 만들자고 말이다. 그건 그것대로 좋지만, 노에의 표현이 더욱 친근하고 일상적이며 또한 구체적이다. 정감이 있다. 회사도 좋고 가정도 좋다. 사람이 진정 어떠한 것에도 동화되지 않고 주인과 노예의 관계에서 빠져나오려면, 그것과는 다른 사람 사이의 관계를 만들어야 한다. 우정이란 중심이

백치가 되어라

없는 기계다. 한번 사용하면 중독된다. 이제 인간을 그만두고 미싱이 될 때가 온 것 같다.

사족을 덧붙이자면, 1920년에 가마쿠라로 옮겨 살면서 노에는 미싱에 푹 빠져 있었다. 꿰매고 싶다. 꿰매고 싶다. 다음은 쓰지와의 사이에서 태어난 아들 마코토가 전하는 회상이다. 어느 날 노에가 마코토를 보자마자 "엄마가 미싱으로 꿰매 줄게"라며 아이가 싫다는 데도 바지를 가져가 버렸다고 한다. 돌아왔을 땐 반바지가 되어있었다. 어쩔 수 없이 그 바지를 입고 학교에 갔는데, 바지가 너무 짧아서 체육관에 앉았을 때 양쪽으로 불알이 비집고 나왔다. 마코토는 학교 전체에서 웃음거리가 되었다. 이대로는 안 되겠다 싶어서 바지를 가져와 "엄마, 고쳐주세요!"라고 울며불며 매달렸지만, 노에는 심기가 불편해져서 "시끄러워!"라며 들은 체도 하지 않았다. 불쌍하기도 하지. 마코토의 기분도 모를 바는 아니나 어쩔 수 없지 않을까? 어차피 노에는 미싱이 되고 싶다고 생각할 정도였으니. 마코토가 소중한 미싱을 업신여겼다고 생각했을 것이다. 고마워, 미안해, 정말 미안해.

가정을, 인간을 파업하겠다
-이 썩어 빠진 사회에 분노의 불덩이를 내리꽂아라!

가정에 갇혀 아내라는 노예근성을 짊어지고 사는 여성이, 거기서 뛰쳐나와 진정한 우정을 쌓아가는 것. 중심이 없는 기계, 미싱이 되는 것. 사랑의 힘을 있는 힘껏 확충해 가는 것. 이것이 노에가 하려는 일이다. 그러나 그렇게 내버려 두지 않는 것이 결혼제도이다. 온갖 도덕을 갖다 붙이며 집 나간 여성들을 비난한다.

그런데 어머니가 되는 것이 자유 선택이요, 연애와 환희와 격렬한 정열의 결과라면, 결혼은 무고한 머리에 가시관을 씌우고 주홍글씨로 사생아라는 말을 새기는 것 아닐까?[60]

이 글은 「자유모권주의자들에게」라는 논문 중에 노에가 엠마 골드만을 인용한 부분이다. 예전에 쓰지가 번역해 준 글인데 문장이 다소 딱딱해서 이해하기 어려울 수도 있지만 하려는 말은 단순명료하다. 결혼제도를 부정하고 흔히 말하는 '가정'과는 다른 생활을 하기 시작하면 어김없이 난관에 부딪히게 된다. 가장 먼저 내 아이가 괴롭힘을 당한다. 태어나면서부터 사생아라고 불리기 때문이다. 평소엔 가난한 아이를 거들떠보지도 않던 형편없는 세상 사람들이 꼭 이럴 때만 아이를 지키라면서, 너희는 이상한 인간들이다, 사람도 아니다, 한심하다고 말한다. 하지만 노에는 기죽지 않는다. 오히려 정색하며 반격의 태세를 갖춘다. 결혼제도는 내 아이에게 사생아라는 주홍글씨를 새긴다. 그렇다면 나도 인정사정 볼 것 없다. 내 아이를 건드리면, 무슨 짓이든 할 테니 각오해라. 오, 무섭다.

자유연애가 부인의 가슴 속에 불러일으킨 아이에 대한 깊은 의무의 관념을 사이비 도덕학자들은 배워야만 한다. 멸망과 죽음만이 가득한 분위기 속에서 생명을 출산하느니 그녀는 차라리 모권의 영광을 영원히 버릴 것이다. 만약 어머니가 된다면, 자기가 줄 수 있는 가장 최선의 것을 아이에게 주어야 한다. 아이와 함께 생장(生長)하는 것이 그녀의 좌우명이다. 그렇게 할 때 비로소 그녀는 진정한 남자와 여자의 관계를 구축할 수 있음을 알고 있다.[61]

지금도 그렇지만, 흔히 정치가나 어용학자가 도덕을 외칠 때는 이렇게 말한다. 여자는 반드시 집에 들어앉아 아이를 낳아야 한다, 그것이 자연의 섭리이며 그렇게 하지 않으면 인류가 멸망할 것이라고. 물론 이런 주장의 비합리성을 지적할 수도 있지만 노에는 이렇게 되받아친다. 출산에 인류의 멸망이 걸려 있다면 남성보다 여성이 훨씬 우월하지 않은가. 그러니 우리를 존경하도록 해. 인류의 생명은 우리가 쥐고 있어. 우리를 집에 묶어 두고서 돈으로 몸을 사고팔고 노예처럼 다룬다면 이제 아이 따위는 낳지 않겠어. 가정을, 인간을 파업하겠다. 이 썩어 빠진 사회에 분노의 불덩어리를 내리꽂아라!

이것은 아이가 필요 없다거나 소중하지 않다는 말이 아니다. 여자는 아이를 낳아야만 한다는 말은 더더욱 아니다. 정말로 아이가 소중하다면 사랑이 있는 생활의 기반을 만들어야 한다는 것이다. 인간을 그만두고 미싱이 되자. 하지만 그러려면 무엇보다 노예근성을 뿌리 뽑아야만 한다. 아내의, 노예의 역할을 과감히 내던져버려야만 한다. 아내이기 때문에 이래야 한다 저래야 한다는 말 따위는 딱 질색이다. 자기 일은 자기가 결정한다. 누구를 사랑할지도, 어떤 애욕을 품을지도, 아이를 낳을지 말지도 모두 자기 마음대로 하는 것이다. 이를 방해하는 것이 있다면 몇 번이든 다 때려 부수고 도망칠 테다.

이를 두고 제멋대로라고 말할 수 있을까? 노에라면 그렇다고 답하리라. 이런 제멋대로인 파업을 시작으로 여성들이 이것도 할 수 있고 저것도 할 수 있다는, 더 할 수 있다는, 무엇이든 다 할 수 있다는 감각을 확보해 가는 것이다. 나는 대단해, 더 대단해. 너도 대단해, 저 사람도 대단해. 그럼으로써 비로소 남녀관계에서도, 여성들 사이에서도, 남성들 사이에서도 진정한 우정이 싹트게 될 것이다. 노에가 하고 싶었던 말은 단적으로 이런 것이라고 생각한다. 제멋대로, 우정, 꿈, 돈. 결혼 따위 똥이나 처먹어라. 썩어빠진 가정에 불을 질러라. 아, 섹스하고 싶다. 인간을 그만두고 싶다. 미싱이 되고 싶다. 친구를 갖고 싶다. 울고 웃고 싸우며. 하나가 되어도 하나가 될 수 없다.

즈시의 집에서, 오스기와 마코

출처:『大杉栄全集』第四巻・第五巻, ぱる出版, 二〇一四年
(『오스기 사카에 전집』제4권・제5권, 파루출판, 2014년)

제2차 『노동운동』 편집회의 때, 오른쪽에서 두 번째부터 오스기와 노에
출처: 『大杉栄全集』第四巻・第五巻, ぱる出版, 二〇一四年
(『오스기 사카에 전집』제4권・제5권, 파루출판, 2014년)

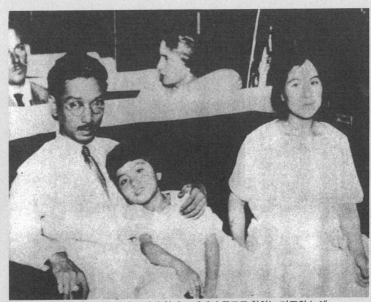

프랑스에서 귀국한 오스기와 함께 고베에서 도쿄로 향하는 마코와 노에
출처: 矢野寛治, 『伊藤野枝と代準介』, 弦書房, 二〇一二年.
(야노 간지, 『이토 노에와 다이 준스케』, 겐서방, 2012년)

5장

무정부는 사실이다

너와 함께라면 어디까지라도　사카에
이치가야 단두대 위까지도　　　노에
부럽기 그지없소이다　　　　　쓰지

노에, 무섭게 폭발하다

　오스기와 살게 되면서 노에는 활동면에서도 아주 바빠졌다. 1919년 10월 6일, 『노동운동(勞働運動)』(월간)을 창간하여 실제 현장에서 일어나는 노동운동이나 사상을 소개했다. 오스기는 이에 발맞춰 노동운동사(勞働運動社)를 설립했고, 와다 규타로, 곤도 겐지, 나카무라 간이치(中村還一), 노부시마 에이치(延島英一) 등이 함께 했다. 이들은 각지를 돌아다니며 취재한 내용을 기사로 썼다. 노에도 그곳의 일원이 되어 여성들의 노동운동에 대해 거침없이 기사를 썼다. 그녀의 입장은 오스기와 같았다. 노동자의 해방을 노동자 자신의 손으로 이루어야 한다. 여성들이 자신의 처지를 자신의 힘으로 바꿔 나간다. 그것을 방해하는 무리가 있다면 자본가든, 관료든, 정부의 전문가든, 노동조합의 간부든, 아무리 높으신 분이라도 그런 건 아무 상관없다. 타파하자, 타파하자.

『노동운동』 창간 전날인 10월 5일에 노에는 혼조(本所)의 나리히라(業平)소학교에서 열린 우애회 부인부(友愛會婦人部)가 주최한 부인노동자대회에 초대되었다. 그 자리에서 노에는 크게 폭발했다. 그즈음 일본에서는 국제노동회의에 참석할 노동자대표 선출을 둘러싸고 큰 분쟁이 일어났다. 1919년부터 국제노동기구(ILO)의 총회인 국제노동회의가 열리기로 되어 있었는데, 여기에는 가맹국의 정부대표, 사용자대표, 노동자대표가 참가해야 했다. 곤란해진 것은 일본정부였다. 노동조합을 공인조차 하지 않고 있었기 때문이다. 기본적으로 노동조합의 활동을 불법으로 간주해왔던 정부는 궁여지책으로 기존 노동조합의 의향을 무시하고 무리한 관권선거로 노동자대표를 선출했다. 우선 정부의 구미에 맞는 인물을 보내면 되겠지 하면서.

이 사태에 모두가 격분했는데 신우회(信友會) 등 오스기와 행동을 같이하는 아나키스트와 인쇄노동자들의 조합은 물론, 우애회처럼 자본가와 충돌하지 않고 화합하자는 비교적 온건한 조합까지도 반발했다. 대규모 반대 운동이 일어났다. 이 가운데 우애회 부인부가 노동자대회를 요청한 것이다. 정부측 전문가들도 초청했다. 노에의 입장에서는 '좋아, 내가 상대해주지!'라는 마음이었을 것이다. 대회 자체는 별 탈 없이 끝났지만, 이날 가장 주목받았던 일은 대회가 끝난 후에 대기실에서 벌어졌다. 밖에서도 생생히 들릴 만큼 고성이 난무했다고 한다.

히라쓰카 라이초가 이 일을 자서전에 썼는데, 무슨 큰 일이라도 났나 해서 달려가 보니 노에가 무서운 얼굴로 다나카 다카코(田中孝子)에게 욕설을 퍼붓고 있었다고 한다. 다나카는 국제노동회의의 정부 대표자가 된 가마타 에이키치(鎌田栄吉)°의 여성 고문이며, 시부사와 에이이치(渋沢栄一)의 조카딸로 엄청난 부자였다. 노동자 경험 같은 건 있을 리 만무하다. 노에는 생각했다. 본때를 보여 주자. "당신처럼 부인 노동자 경험이 없는 사람에겐 여성 고문 자격이 없으니, 당장 사퇴하세요!"라며 소리를 질렀다고 한다. 라이초는 다나카가 가여워 보여 말렸지만, 노에는 라이초의 말에는 아랑곳하지 않고 더 퍼부어 댔다. 이 부르주아 여편네, 부르주아 여편네.

이래선 안 되겠다 싶어 우애회의 야마노우치 미나(山内みな)도 말렸지만, 그녀도 노에의 역린을 건드리고 말았다. 노에는 "당신은 부인 노동자로서 어떻게 하면 자신이 해방될지 좀 더 공부하세요. 사회주의가 아니면 안 됩니다. 그걸 왜 모르는 거죠?"라고 말했다. 뒷날 야마노우치는 "이토 노에라는 사람은 정말 고압적인 사람이었습니다"라고 노에를 평가했다. 멋지다. 이 에피소드에서도 노에가 노동자의 해방은 노동자 자신의 손으로 이루어야 한다고 생각했다는 사실을 잘 알 수 있다. 정부나 지식인이 이래라저래라하면 언제든 뭉개버리고, 노동자들도 자신의 일은 자신이 해결한다. 그럴 수 있도록 필사적으로 노력해야 한다, 마음을 다해야 한다, 좀 더 공부해야

• 가마타 에이키치(1857-1934): 메이지시대의 관료이자 정치가.

한다. 이 말이 노동자를 가르치려는 것처럼 들릴 수도 있지만, 전문가만이 아니라 노동자에게도 가차 없이 일침을 가하는 모습 또한 너무나 노에다워 더할 나위 없이 좋다. 최고라 할 수 있지 않을까. 노에, 무섭게 폭발하다.

어차피 희망이 없다면 뭐든 내 맘대로 하겠다

1919년 10월 17일, 오스기와 가까운 인쇄노동자들이 총파업을 결행했다. 신우회의 '8시간 노동제 요구 파업'이다. 정확히 말하면 남성은 8시간, 여성과 유년공은 6시간 노동을 요구하는 파업이다. 오스기는 파업을 지원하기 위해서 친분이 있는 소설가, 시인, 평론가들을 설득해 저작가조합이라는 단체를 결성하여 지지를 표명했다. 또한 각지를 돌며 파업의 의의를 호소하는 연설을 하기도 했다. 노에도 이에 대한 기사를 썼다. 노에는 11월 8일부터 9일까지 파업 중인 여공들과 숙식을 같이 하며 그들의 이야기를 들었다. 산슈샤(三秀舍)라는 인쇄소에서 일하는 여공들이었다. 노에는 이런저런 이야기를 들으면서 하나의 결론에 도달했다. 여성들은 일을 지나치게 많이 한다.

우선, 여공들은 혹사당하는 것에 비해 임금이 낮다. 남성의 일을 보조할 뿐이라는 것이 그 이유인 듯하다. 예를 들어 보자. 인쇄공장에서 여공이 하는 일은 대부분 마무리 작업이다. 당시는 활판 인쇄였기 때문에 직공들이 활자를 한 글자씩 골라내 조합해서 인쇄를 위한 조판을 만드는데, 활자를 주조할 때

줄을 걸어 완성하는 것이 바로 마무리 작업이다. 당연히 손가락이 아프고 눈에도 부담이 간다. 육체적으로 힘들고 신경도 많이 써야 하는 일이지만, 그래도 글자를 골라내거나 조합하는 일에 비하면 단순한 작업이다. 때문에 이 일은 작업공정에서는 어디까지나 남성 직공들을 보조하는 작업으로 여겨져 주로 여성들에게 할당되었다.

나쁘게 말하자면 마무리 작업은 여자들이나 하는 보조적인 일이니 급료가 낮은 게 당연하다는 것이다. 그렇다면 작업 조건이라도 좀 배려해 주면 좋으련만 그것도 아니다. 여성은 생리를 할 때도 있고 임신하는 경우도 있는데, 그렇다고 해서 조퇴를 하거나 휴가를 낼 수는 없다. 아침 7시부터 밤 7시까지 12시간 동안 계속해서 일한다. 그러면 그런 힘든 일을 그만두던가 아니면 작업환경을 바꾸자고 요구하면 좋을 텐데 좀처럼 그렇게 되지는 않는다. 왜일까?

이쯤 되면 교양이 있는 사람이건 아니건 최후의 구원을 바랄 곳은 한 군데뿐이다. 대부분의 사람은 행복한 결혼생활을 몽상해서, 따뜻한 가정에서 어머니로 일하기를 희망한다. 현재의 노동상태를 개선해서 좀 더 유쾌하게 일하려는 사람은 거의 없다고 봐도 좋다. 그리고 자본가는 여자들의 이런 급소를 잘 파악하고 있다. 아무리 힘들어도, 아니 힘이 들면 들수록 이런 꿈을 꾸는 보배 같은 노동자들을 최대한 이용한다.[62]

괴로우면 괴로울수록 결혼을 꿈꾸고, 좋은 남편을 찾아내면 반드시 행복해질 수 있다고 생각하게 된다. 몽상이다. 노에

백치가 되어라

는 이것을 여자의 급소라고 말한다. 자본가는 이 급소를 교묘히 공략해서, 결혼하기 전에 잠시 동안만 하는 일이니 열심히 하자고 한다. 여자의 진짜 일은 앞으로 하게 될 테니 지금은 임금이 낮을 수밖에 없다는 것이다. 그러나 대부분의 경우 결혼해도 편안해지지는 않는다. 오히려 그 반대다.

> 만약 이 꿈이 실현된다면 다행이다. 좋은 남편과 따뜻한 가정을 얻을 수 있으면 상관없다. 그러나 사실 이것은 십중팔구 꿈으로 끝나 버린다. 그리고 결혼해서 가정에 들어가도 이 힘든 노동을 그만둘 수 없는 것이 오늘날 대부분의 여성이 놓인 처지이다. 그리고 이런 사람들은 이중의 노동이 강제되어 한층 더 비참한 상태로 추락한다. 그리고 이번에는 정녕 모든 희망으로부터 멀어져 버린다.[63]

여공들은 결혼을 하면 오히려 더 바빠진다. 노동을 이중으로 강요당하기 때문이다. 가정에서는 좋은 아내 노릇을 하면서 남편을 떠받들고 가사와 육아를 모두 소화해내야 하며, 대부분의 경우 남편의 수입만으로는 부족해서 다시 밖으로 나가 일해야 한다. 그리고 일은 일대로 하면서도 자본가에게는 부업일 뿐이니 임금이 낮은 게 당연하다는 소리를 듣는다. 앞에서 임금노동은 노예제도에 뿌리를 둔 것이며 그 모델의 하나가 가정이라고 언급했는데, 여공들이 이렇게 일하는 방식은 그것을 잘 보여 주는 게 아닐까? 여자는 노예니까 공짜로 일하는 것이 당연하고, 공장에서는 아주 적은 임금이라도 고맙게 생각하라고 한다. 여성들의 이중노예화. 희망이 없다.

참고로 노에는 「방치된 하녀(閑却されたる下婢)」라는 논문에서 하녀, 즉 식모들의 일하는 모습을 소개하고 있다. 그들은 집 안에서 문자 그대로 노예로 부려진다. 그 집에 사는 사람을 주인으로 떠받들고 말도 안 되는 임금을 받으며 24시간 일한다. 흔히 노동자라고 하면 공장노동자만 떠올려서 식모는 예외로 생각하는데, 노에는 그렇지 않았다. 그 뿌리는 노예제도에 있고, 이는 주부도 식모도 여공도 다 똑같다. 중요한 건 노예로 길든 여성 스스로가 자기의 몸과 마음을 해방하는 것. 노에는 선동한다. 여성들이여 일어서라. 어차피 우리에게 희망은 없다. 집이든 회사든. 그렇다면 어느 쪽도 따를 필요 없지 않은가. 사력을 다해 한 번 해보자. 파업이다, 직접행동이다, 생의 확충이다. 그렇다, 자기의 일은 스스로 하자. 할 수 있다.

교수대에 매달려도 좋다

1921년 4월 24일, 적란회(赤瀾會)가 결성되었다. 이 무렵 오스기는 사카이 도시히코, 야마카와 히토시(山川均)* 등과 함께 아나키스트, 마르크스주의자, 넓게는 사회주의자들까지 모아 일본사회주의동맹(日本社會主義同盟)을 만들었는데, 그 여성판이라 할 수 있는 것이 적란회이다. 노에는 야마카와 기쿠에와 함께 고문자격으로 참여하게 되었다. 기쿠에는 이전에 아오야마(靑山)라는 성을 썼는데 청탑 시절부터 노에의 라이벌이

• 야마카와 히토시(1880-1958): 경제학자이자 사회주의자.

었다. 마르크스주의자인 야마카와 히토시와 결혼해서 성이 야마카와가 되었다.

적란회의 중심은 사카이 도시히코의 딸, 아직 열여덟 살인 사카이 마가라(堺真柄)였다. 그녀는 젊어서인지 아주 자신감이 넘쳤다. 5월 1일, 적란회 회원들을 데리고 제2회 노동절에 참가했다. 마가라는 검은 바탕에 붉은 글씨로 '적란회'라고 쓴 깃발을 힘차게 흔들며 행진했다. 당시에 여성 참가자는 유독 눈에 띄었다. 경찰이 적란회 회원들을 급습해 난투극이 벌어졌다. 얻어맞아 쓰러지고 '여자 주제에'라는 말을 들으며 발로 차이고, 그 길로 질질 끌려가 참가자 모두 체포되었다.

이때 노에는 참가하지 않았지만 소식을 듣고 노발대발했다. 해보자는 거야? 분노를 쏟아내기라도 하듯 제2차 『노동운동』에서 이렇게 적고 있다.

> 부인들은 대체로 소심한 데다가, 사회운동에 관여하는 사람들은 매우 예민한 성격이 많다. 또 한편으로는 꽤 강한 열정의 소유자들로 제 일이라면 아무리 심한 일을 당해도 인내하지만, 타인에게 가해지는 무법을 방관하지 못하는 약점을 가지고 있다. 그리고 거기서 이제껏 자기를 억누르고 있던 자아적 이지(理智)의 압박을 튕겨낸다. 이때야말로 그녀는 어떤 큰일이라도 태연하게 완수할 수 있다. 그녀는 세간의 비난은 물론이고 법의 그물 한가운데로도 몸을 날리고, 교수대 위라 해도 영광스럽게 오를 것임이 틀림없다.
>
> 적란회에 대한 탄압도 향후 활동에 따라 점점 신랄해질 것임이 분명하다. 그러나 위정자들은 부인들을 모욕하려면, 그들

의 약점까지도 고려의 대상으로 삼아야 할 필요가 있다는 것을 나는 경고해 둔다.[64]

정부의 충견들이여, 할 테면 해봐라. 그 대신 여성들의 천성을 잊지 마라. 엎어지고 넘어져도 몇 번이고 다시 일어나주겠다. 언제라도 두 배, 세 배, 네 배로 갚아주마. 감옥에 처넣어도 교수대에 매달아도 상관없다. 일단 격정에 사로잡히면 뭐든 해낸다. 반드시 큰일을 이루어 낸다. 여자를 깔보지 마라. 잊지도 마라. 물론 이것은 권력을 향해서만 침을 뱉은 것이 아니다. 여성들에게도 이대로 침묵해선 안 된다, 더 밀고 나가자, 교수대에 매달려도 상관없다, 이런 각오로 나가야 한다고 부추기는 것이다. 엄청나다.

실제로 적란회는 침묵하지 않았다. 6월 11일에 적란회 강연회에서 노에는 '부인문제의 난관'이라는 주제로 발표했다. 또 7월 18일부터 23일까지 열린 여름강습회 기간 중 20일에는 '직업부인에 대해서'라는 제목으로 연설했다. 두 강연 모두 내용이 기록으로 남아있지는 않지만, 아마도 이 기간에 부인노동에 관한 자기의 생각을 말하면서 '여성들이여! 당하면 되받아쳐라, 죽을 각오로 일어서라'고 선동했을 것이다.

이 무렵 노에의 패기는 정말 대단했다. 이를 잘 보여주는 일화 하나를 소개하겠다. 1921년 7월 30일, 노에는 마코를 데리고 오스기와 함께 요코하마항까지 갔다. 버트런드 러셀[*]과

• 버트런드 러셀(Bertrand Russell, 1872-1970) 영국의 논리학자, 철학자, 수학자, 사회사상가.

그의 연인 도라*를 배웅하기 위해서였다. 이미 26일에 오스기는 러셀과 대담을 통해 친밀해진 사이였다. 그는 알 만한 사람은 다 아는 철학자로, 사회주의에 공감하고 있다고도 알려져 있었다. 게다가 러셀의 사상이 아나키즘에 가까웠고, 러시아 혁명 후 소비에트에 대해 비판적이기도 해서 오스기와는 마음이 맞았던 것 같다. 그도 오스기와 노에가 인상 깊었던지, 훗날 자서전에서 배웅을 나온 일본인들 중에는 이 두 사람에 대해서만 적고 있다. 특히 노에에 대해서는 극찬을 하고 있다.

러셀은 이렇게 적고 있다. "우리가 정말 호감을 느낀 일본인은 단 한 명뿐이었다. 그 사람은 이토 노에라는 여성이었다. 그 여성은 젊고 아름다웠다. 어느 유명한 아나키스트와 동거하고 있었다." 그때 도라가 노에에게 이렇게 물었다고 한다. "관헌에 무슨 일을 당할까 두렵지 않습니까?" 그러자 노에는 목에 손을 대고 옆으로 쓱 그으면서 한마디만 했다. "조만간 이렇게 될 거라는 걸 알고 있습니다." 멋지다. 아마 이 시기 노에는 기운이 넘쳐서 심상치 않은 아우라를 발산했던 모양이다. 도라도 러셀도 노에의 이런 모습에 감동하고 말았다.

실업노동자여 단결하라

1921년 12월 26일, 노에와 오스기는 제3차 『노동운동』(월간)을 출간했다. 러시아 혁명을 명명백백하게 비판한 것이

• 도라 러셀(Dora Russell, 1894-1986) 영국의 작가. 본명은 도라 블랙.

이 잡지의 특징이다. 오스기는 사실 같은 해, 러시아 혁명을 지지하는 볼셰비키와도 공동 투쟁을 벌여야겠다는 생각으로 제2차『노동운동』(주간)을 출간하여 그들에게도 지면을 할애했지만, 유감스럽게도 서로 의견이 달라 그만두기로 했다. 그리고 당시 러시아로 건너간 엠마 골드만이나 버크만의 글을 읽고, 권력을 쟁취한 혁명정부가 오히려 강권을 휘둘러 아나키스트와 그 밖의 좌파세력을 탄압하고 있다는 정보를 입수하여 차츰 러시아 혁명을 비판하는 입장이 되어간다. 이런 이유로 오스기는 러시아 혁명을 지지하면서 볼셰비키 이론가로서 명성을 날리고 있던 야마카와 히토시와 논쟁을 벌인다. 이것이 이른바 아나–보르 논쟁이다.*

두 사람의 논점은 매우 명료하다. 야마카와에 따르면, 제1차 세계대전 후 공업화의 진전으로 더욱 힘이 세진 자본가들은 최신 기계설비를 갖춘 거대한 공장을 세우고, 싼 상품을 대량으로 생산하여 돈을 마구 벌어들이고 있다. 이렇게 벌어들인 돈으로 수많은 인재를 고용하고 효율적으로 일을 시키기 위해서 군대처럼 그들을 통제한다. 물론 사탕과 채찍을 적절하게 사용하여 일하지 않는 자를 벌할 뿐 아니라, 제대로 일하는 자들의 손에는 보상을 쥐여 주기도 한다. 이렇게 강력하게 조

---

* 1920년대초 일본 사회주의 운동이나 사회운동에 있어서, 아나르코생디칼리즘(아나파, 무정부조합주의)과 볼셰비즘(보르파, 레닌주의) 사이에서 일어난 사상적·운동론적 논쟁과 대립을 말한다. 노동조합운동의 조직론에 있어서, 아나파는 자유연합론을 취하면서 당의 지도를 배제해야 한다고 주장했지만, 보르파는 중앙집권적 조직론을 취했다. 아나파와 보르파는 1917년의 러시아혁명이나 1922년 12월30일의 소비에트연방수립에 대한 평가에서도 의견을 달리했다.

직된 공장에서 자본가들에게 맞서기 위해선 어떻게 하면 좋을까? 야마카와는 그보다 강력한 조직을 만들어 싸울 수밖에 없다고 주장한다. 공장마다 거대한 노동조합을 만들고 그 세력을 전국적으로 확장해 나간다. 이를 토대로 공산당을 전위당(前衛黨)으로 내세워 보다 나은 방향으로 지도해 나간다면 완벽한 싸움이 될 것이다. 위에서 내리는 명령에는 절대 복종할 것. 상대가 군대 같은 조직이라면, 이쪽도 군대 같은 조직을 만들어서 대항한다는 논리다.

오스기는 이런 야마카와의 의견에 정면으로 반론을 제기하며, 공장에서 노동조합에 이르기까지, 위로부터의 조직화야말로 문제라고 말한다. 군대가 웬 말이며 전위당은 또 무슨 소리란 말인가. 사람이 사람을 지배하는 것, 그 자체가 권력이다. 노동자를 노예로 만드는 모든 제도를 부숴버리자. 노동자들이여 본때를 보여 주자. 몸을 던져 파업에 참여하고, 한 사람 한 사람이 자기의 일을 스스로 한다, 할 수 있다는 확신을 갖는 거다, 이것이야말로 중요하다. 중요한 건 아나키즘이다. 중요한 건 직접행동이다. 이렇게 말하면서 오스기는 노동운동이 초심으로 돌아가야 한다고 호소했다.

노에도 오스기와 함께 집필에 전념했다. 흥미로운 건 실업에 대한 노에의 인식이다. 일반적으로 실업을 떠올리면 불쌍하다고 여기는 경향이 있다. 소중한 일자리를 잃고 돈이 없어 생존의 위기에 처한다. 그렇다면 정치가나 자본가들에게 실업수당을 달라고 간청해 보자. 실제로 이런 주장을 하는 자선단체도 있다고 한다.

좌파계열의 지식인들도 똑같이 말할 것이다. 일하지 않는 자 먹지도 말라. 일자리를 잃는 건 바람직하지 않은 일이다. 힘 있는 노동조합에 들어가서 가능한 한 잘리지 않도록 해야 한다. 그러나 해고는 어느 누구도 피할 수 없다. 혹시라도 해고당할 때를 대비해서 좌파계열 정당과 의원들에게 힘을 써서 실업 수당을 받게 해 달라고 부탁하자. 수당이 나오는 동안 빨리 다른 일자리를 찾아보자. 하지만 노에는 이런 식으로 해서는 안 된다고 말한다.

실업자는 공허한 표어로 지도자를 향해 공연한 소란을 떠는 것을 그만두어야 한다. 단결한 실업자들의 시위에 공허한 '요구'를 내세우는 어리석은 소동은 필요 없다. 필요한 것은, 실업자가 일자리를 잃거나 먹을 걸 빼앗겼다 하더라도 당당하게 살아갈 방편을 기필코 찾아내리라는 것을 권력 계급에 선언하는 것이다. 그들의 권력이, 자본력이, 지배가 아무리 크다 하더라도 결국 인간의 살아갈 권리를 빼앗을 수 없을 거라는 인간 생명의 귀중함에 대해 갖는 자부심을 그들에게 보여 주는 것이다.[65]

아아, 일자리를 잃었다, 돈이 없다, 죽을지도 모른다. 아아, 정치가님, 자본가님, 조합간부님, 도와주세요. 노에는 이래서는 안 된다고 말한다. 실업자가 자신의 생살여탈권을 빼앗기고, 새로운 노예화 과정이 시작되어 버리기 때문이다. 이렇게 되면 생존의 공포 속에서 새로운 지배자의 명령에 따를 수밖에 없다. 그렇지만 사실은 사람이 살아갈 권리는 그런 것이 아니다. 돈이 있건 없건 하고 싶은 일은 무엇이든 해도 되며, 또한

백치가 되어라

할 수 있다는 걸 말한다. 무슨 일이 생겨도 어떻게든 된다.

이 세상의 지배자들은 그렇게 될 리 없으니 나에게 의지하라고 말하겠지만, 그때는 행동으로 놈들에게 보여 주면 된다. 실업 노동자여 단결하라! 돈이 없으면 빼앗으면 된다. 강탈이다. 이때 노에의 머릿속에는 쌀소동 때 쌀을 들고 달아난 주부들의 모습이 떠올랐을 것임이 틀림없다. 노에 나름의 직접 행동론이다.

무정부는 사실이다-비국민, 멋지다! 실업, 좋다!

막상 닥치면 어떻게든 된다. 노에 사상의 핵심은 여기에 있다. 물론 쌀가게를 습격하는 것만으로는 해결되지 않는다. 어차피 쌀가게에 있는 쌀의 양은 정해져 있기 때문이다. 노에에게는 어릴 적 기억에서 만들어진, 돈 같은 건 없어도 어떻게든 된다는 확신이 있었던 것은 아닐까? 고향에서는 아버지가 일하지 않고서도 그럭저럭 살았으니까. 물론 어머니가 열심히 일하기는 했지만 그것이 다는 아니다. 주위에서 도와줬기 때문에, 그리고 그런 토양이 있었기 때문에 어떻게든 된 것이다. 노에는 이를 상호부조라는 아나키즘 사상과 연결지어 논하고 있다. '무정부는 사실'이다.

우리는 모든 방면에서 무정부공산주의 사상이 도저히 실현할 수 없는, 그저 공상에 불과하다는 비난을 들어왔다. 중앙

정부가 관여하지 않으면 어떠한 자치도 완전하게 이뤄질 수 없다는 미신에 모두가 홀려 있다.

특히 세상의 유식자들보다 훨씬 총명한 사회주의자들 중에도 무정부주의의 '꿈'을 조소하는 자들이 있다.

그러나 나는 그것이 결코 '꿈'이 아니라, 우리 선조 때부터 오늘날까지 마을마다 이어져 내려온 작은 '자치' 속에서 그 실황(實況)을 볼 수 있다는 사실을 발견했다.

이른바 '문화'의 혜택을 충분히 받지 못하는 지방에서 권력도 지배도 명령도 없는, 단지 사람들이 필요로 하는 상호부조의 정신과 진정한 자유 합의에 의한 사회생활을 나는 보았다.[66]

아나키즘의 이상은 머나먼 미래에 있지 않다. 도처에 넘쳐나는 삶의 무상성(無償性). 사람이 사람을 지배하지 않고 서로 도우며 살아가는 것. 그것은 지금 여기에서, 또한 어디에서건 우리가 해왔던 일이다. 하지만 자본주의라는, 돈이면 다 되는 도시 생활에 익숙해지면 모든 것이 유상(有償) 논리, 즉 대가—보상 관계로 움직이는 것처럼 여겨진다. 사람들이 어떤 일을 하는 건 어디까지나 돈이 나오기 때문이다. 인간은 이기적인 존재이며 돈만 주면 시키는 대로 한다. 돈이 있는 사람은 무엇이든 다 할 수 있다고 착각하면서 돈이 없는 사람을 지배한다. 반대로 돈이 없는 사람은 스스로 한계를 느껴서 하고 싶은 것이 있어도 할 수 없다고 생각한다. 예를 들어, 아이를 많이 낳고 싶어도 그럴 수 없다고 생각하거나, 가족을 병원에 데려가고 싶어도 돈이 없으면 그냥 포기하게 된다. 이것밖에 할 수 없다. 저것밖에 할 수 없다.

그러나 실제로 도시에 산다 하더라도 돈이 없어서 남을 도울 수 없다는 건 말이 안 된다. 조금만 시골로 눈을 돌려보면 오히려 돈을 바라고 일하는 경우가 적다는 것을 알 수 있다. 예컨대, 노에가 자란 이마주쿠에서는 어떤 집에 아이가 태어나면 산파나 동네 아주머니들이 와서 많은 일을 해준다. 아이를 키우는 방법도 알려주고, 아이를 돌보는 일도 이웃이나 친척들이 돕는다. 집에 아픈 사람이 생겨도 마찬가지다. 어느새 누군가 의사를 데려오고 병상을 지켜 주기도 한다. 약을 사야 하는데 돈이 없다면 약값을 내주기도 한다. 이해관계가 아니다. 무상의 행위, 상호부조다.

이러한 상호부조의 테두리를 넓히면 사실 행정 따위는 필요 없어진다. 예를 들어보자. 길이 험해서 불편을 겪고 있는 사람이 있다고 치자. 도시라면 세금을 뜯기고 있으니 행정부에 길을 닦아 달라고 요청할 것이다. 절차는 번거롭고 시간도 걸린다. 무엇보다 거절당하면 그것으로 끝이다. 하지만 이마주쿠에서는 그렇지 않다. 불편하다 싶으면 바로 마을 사람들이 모여 이야기를 나눈다. 그중에는 토목에 관해 잘 아는 사람이 있기 마련이라 그 사람이 주도해서 모두가 힘을 합해 척척 고쳐 놓는다. 만약 절도 사건이 일어나도 범인이 마을 사람이라면 경찰 같은 건 부르지 않는다. 대개는 마을 사람 중에 완력이 좋은 사람도 있고 설교를 잘 하는 노인도 있기 때문에, 그들이 혼을 내기도 하고 타이르기도 한다. 필요 없다, 행정 따위.

이쯤 되면 앞에서 본 우정이나 중심이 없는 기계 이야기와 같은 맥락임을 알아챌 것이다. 돈이 없고 경험이 없어도 주변에 육아 경험이 있는 친구가 있으면 어떻게든 된다. 또 말주변이 없고 몸도 비실비실해서 혼자서는 아무 것도 못해도, 주변에 달변가 친구나 덩치 큰 친구가 있으면 대부분의 문제는 해결된다. 내가 이런 것도 할 수 있구나, 저런 것도 할 수 있구나. 친구가 있으면 못할 게 없다. 국가도 경제도 필요 없다. 비국민, 멋지다. 실업, 좋구나. 눈앞에 곤란에 처한 누군가가 있다면 사람은 반드시 손을 내민다. 무정부는 사실이다.

마을을 불살라 백치가 되어라

물론 시골이라고 해서 전부 좋다든가 완벽하게 이상이 실현된 곳이라고 생각하지는 않는다. 노에는 시골의 무서운 면과 싫은 구석도 잘 알고 있었다. 조금만 생각해 보면 알 것이다. 눈에 보이는 인간관계에서 옳다는 척도가 있으면 그거야말로 문제다. 시골, 정말 숨 막힌다. 만약 질서를 어지럽히는 행동을 한다거나 실제로 그 행동을 안 했다 하더라도, 했을 거라 여겨지면 따돌림을 당하고 무시당하며 차별을 받는다. 때문에 그 안에서 살아가기 위해서 그 척도를 내면화 해버리고 만다. 항상 주변에 맞춰야 한다는 강박에 늘 감시당하는 기분으로 살아간다. 노에가 쓴 「유서의 일부에서」에 언급되었던, 고향의 자살한 선생님 이야기가 그 일례이다.

노에는 고향에서 있었던 더 비참한 이야기를 썼다. 그 중 하나가 소설 「백치의 엄마」이다. 이 소설은 장애가 있는 아들을 둔 엄마가 세상의 따가운 시선을 받으며 점점 궁지에 몰리는 이야기이다. 주변 사람들이 아들이 이상하다고 말하면, 엄마는 창피해서 진짜 그렇다고 믿게 되어 아들을 인정사정없이 엄하게 대한다. 어느 날, 이웃 아이들에게 괴롭힘을 당하던 아들이 참다못해 반격해 아이들이 다치자, 동네 사람들이 당신 아들이 한 짓이라며 질책했다. 그러자 엄마는 아들에게 불같이 화를 내다가 이내 지쳐버렸다. 걱정스러운 마음에 이웃이 찾아 가보니, 그 엄마가 목을 매달아 죽어 있었다고 한다. 끔찍한 이야기이다.

또 다른 이야기는 피차별부락(被差別部落)*의 청년 히코시치에 대해 쓴 소설 「방화범 히코시치(火つけ彦七)」이다. 노에가 살던 시골에서도 역시 부락민에 대한 차별은 심했을 것이다. 주인공 히코시치는 젊은 시절에 장인이 되려고 고향을 떠나 출신을 숨기고 일을 시작했다. 일도 잘하고 성실해서 모두가 그를 아꼈다. 어느 날 그는 마을 축제에 놀러 갔다가 고향 사람과 마주치는 바람에 출신이 들통 나 버렸다. 그리고 여럿에게 두들겨 맞아 피투성이가 되었다. 다친 몸으로 일하러 갔더니 부락민이었냐며 그 자리에서 해고를 당했다. 해도 너무하다.

그 후로 떠돌던 그가 그나마 할 수 있었던 일이 대부업이다. 히코시치는 이제까지 당한 일에 대한 앙갚음이라도 하듯 마을 사람들에게 고리로 빌려주며 돈을 탐했다. 그러나 도가 지나쳤던 탓인지 오히려 원한을 사서 누군가 그의 집에 불을

---

* 에도(江戸)시대에 최하층 신분의 자손이 법령상 신분은 해방되었으나 여전히 사회적으로 차별·박해를 받아 집단적으로 사는 곳을 말한다.

질러 무일푼이 되었다. 마을 사람들은 조롱했다. '이 부락민 새
끼.' 그래서 거렁뱅이가 된 히코시치는 오랫동안 여러 마을을
전전하다가 마지막에 그 마을로 다시 돌아온다. 그리고 마구
불을 지르다가 마을 사람들에게 붙잡힌다. 아무 희망도 없는
이야기지만 노에 나름대로 당시 시골의 실태를 다룬 작품이다.

그렇다고 결국 자본주의적 생활양식이 좋은가 하면 그렇
지는 않다. 자본주의를 포함해서 인간 행동에 '이것이 표준이
다'라는 척도를 만들어 놓고 그 이외의 것을 배제하는 '사회'
혹은 '질서'가 문제다. 만약 시골에도 이런 '사회'가 있다면 무
슨 수를 써서라도 깨부숴야만 한다. 자살한 선생과 백치의 엄
마는 자살이라는 행위를 통해서 자기의 몸을 스스로 거두고,
자기의 일은 자기가 결정한다는 감각을 되찾고자 했다. 히코
시치는 이 '사회'에 불을 질러 모든 것을 없었던 일로, 백지로
되돌리려고 했다. 노에는 이렇게 말하려 했을 것이다. 본받아
야 한다. 마을을 불살라 백치가 되어라.

나도 일본을 떠나 오스기를 따라가겠습니다

1922년 12월, 오스기가 일본을 탈출했다. 프랑스에 있는
동지가 아나키스트 국제회의가 열리는데 오지 않겠느냐며 편
지를 보내왔다. 재미있겠다는 생각에 훌쩍 떠났다. 우선 상해
로 밀항해 그곳에서 프랑스로 건너갔다. 노에는 혼자 남아 혼
고(本郷) 고마고메카타마치(駒込片町)에 있는 노동운동사를 지

켰다. 많은 신문이 오스기가 어디를 갔다, 무슨 일을 꾸미고 있는 것 아니냐며 시끄럽게 떠들어 댔다. 노에는 몇 번인가 인터뷰에 응했는데 정말이지 대수롭지 않게 말했다. "한 달쯤 지나면 어디에 있는지 알 수 있을지 모르겠네요. 뜻밖에 어딘가 온천에서 글이라도 쓰고 있다면 재미있겠지요"라며 깔깔거리며 웃었다고 한다. 역시 노에!

게다가 오스기가 귀국하려고 해도 당국이 상륙을 허락하지 않을 거라는 소문이 돌았다. 비국민, 절대 용서하지 않겠다. 그렇게 일본이 싫으면 일본을 떠나라, 상륙을 허락하지 말라는 것이다. 이에 대해 노에는 "만일 오스기의 내지(內地) 상륙이 불허된다면, 그때는 나도 일본을 떠나 오스기를 따라가겠습니다"라고 했다. '비국민은 일본에 있을 수 없다? 좋다. 해외든 어디에서든 살아주겠다.' 이 정도는 각오하고 있었을 것이다.

그 뒤 오스기는 베를린에서 열릴 예정이었던 국제회의를 기다리면서 줄곧 프랑스 파리에 머물렀다. 그런데 회의가 계속 연기되었다. 수중의 돈도 떨어져 가는 초조한 상황에서 1923년 5월 1일 노동절을 맞았다. 더는 기다리기 어려웠을 것이다. 파리 교외 생드니에서 열린 노동절 집회에서, 오스기는 자기도 연설하게 해달라고해서 연단에 올라가 대중을 선동했다. 이 일로 사복경찰에게 체포되어 국외추방조치가 내려졌다. 6월 3일, 마르세유에서 출항해 7월 11일에 고베항(神戸港)에 도착했다.

노에는 마코와 함께 고베로 마중을 나왔다. 그런데 오스기는 고베항에 도착하자마자 하야시다(林田) 경찰서로 끌려가서 돌아오지 않았다. 노에는 서른 명쯤 되는 동료들을 모아 경찰서로 몰려갔지만, 경찰은 오스기를 좀처럼 돌려보내지 않았다. 빌어먹을. 임신 중이던 노에는 일단 스마(須磨)에 있는 여관에서 기다리기로 했다. 그러자 오스기가 차를 타고 돌아왔다. 오랜만이야. 마코는 좋아서 난리였다. "아빠 왔다, 아빠 왔다." 오스기가 돌아온 다음날인 12일, 셋이서 열차를 타고 도쿄역으로 갔다. 오후 7시 반 도착. 신문에서 떠들썩하게 다뤘기 때문인지 도쿄역에는 구경꾼을 포함해 약 8백 명이 오스기를 맞았다. 작심하고 차려입은 듯 오스기는 흰 양복에 흰 모자를 쓰고 시가를 피우면서 "어이"하며 인사를 건넸다. 지금이라면 조금 우스꽝스럽게 보였을 테지만, 군중이 "우와―"하며 굉장한 환호성을 지른 걸 보면 꽤 봐줄 만했던 모양이다.

고마고메의 집으로 돌아온 오스기와 노에는 아이들과 함께 사이다로 축배를 들었다. 이때의 사진이 남아 있는데, 사진 속 노에는 무척 즐거워 보인다. 그날 이후 8월 5일, 노에는 오스기와 노동운동사에서 따로 자택을 얻어 요도바시초(淀橋町) 가시와기(柏木)로 이사했다. 귀국 후에 오스기는 분주해졌다. 프랑스에서의 경험담을 들려주며 국내의 아나키스트를 모으는 활동을 하고 있었다. 노에는 출산을 했다. 8월 9일에 장남 네스토르를 낳았다. 그리고 9월 1일, 관동대지진을 맞게 된다.

국가의 개에게 살해당하다

이날, 다행히 가시와기의 집은 화를 면했다. 기자인 야스나리 지로(安成二郞)가 이들을 걱정하여 집으로 찾아왔는데 무사한 걸 보고 기뻐했다. 이때 야스나리가 찍은 사진이 두 사람의 마지막 사진이 되었다. 나는 노에의 사진 중에 이것이 가장 좋다. 불량스럽게 앉아있는 폼이 왠지 멋있다. 그리고 9월 3일, 노에는 아버지와 다이 고모부 앞으로 무사하다는 편지를 보낸다. 다이 고모부에게는 역시나 아쉬운 소리를 잊지 않았다. 도쿄에서는 먹을 게 없어서 난리다, 앞으로 전례 없는 식량난이 닥칠 테니 기차 편으로 쌀 다섯 가마니를 보내 달라고 했다. 꼭 필요했다.

이튿날인 4일에는 집이 불타버린 하토리 하마지(服部浜次) 부부와 후쿠로 잇페이(袋一平)의 식구들이 노에의 집으로 들어왔다. 어려울 때는 서로 돕는 법이다. 이 때 오스기는 친구들이 무사한지 걱정되어 돌아다니며 안부를 물었다. 그들의 집이 무너졌으면 자기 집에 가능한 만큼 들일 작정이었으리라. 힘들 때 서로 돕는 것이 아나키스트이고, 죽이려 드는 것이 관헌이다. 이미 중국인과 조선인에 대한 학살은 시작되었다. 8일에는 노동운동사 사원들이 줄줄이 예방 구금되었다.

이즈음 오스기 일당이 폭동을 일으키려 한다는 소문이 퍼지면서 '오스기를 죽이자, 죽이자!'며 서슬이 퍼레져 몰려다니는 무리도 있었다. 그런데도 유모차를 밀며 느긋하게 돌아다니는 오스기를 걱정한 이웃에 사는 우치다 로안(内田魯庵)이

"조심하는 게 좋을 거야"라고 충고했다. 그래도 오스기는 태평했다. "당하면 당하는 거지 뭐"하며 아랑곳하지 않았다.

그리고 9월 15일, 오스기가 걱정하고 있던 동생 이사무(勇)에게서 편지가 왔다. 이사무는 지진의 진원지인 가나가와현(神奈川県)에 속하는 요코하마(横浜)에 살고 있었다. 요코하마의 거리는 완전히 파괴되어 연락이 전혀 닿지 않았다. 실제로 집이 무너져, 쓰루미(鶴見)에 있는 동료 집에서 신세를 지고 있다고 했다. 이사무는 여동생 다치바나 아야메(橘あやめ)의 아들인 무네카즈를 돌보고 있었다. 오스기와 노에는 아이만이라도 데려와야겠다며 쓰루미까지 그들을 만나러 가기로 했다. 16일, 오전 9시쯤에 집을 나섰다. 오스기는 하얀 양복 차림에 보따리를 들었고, 노에는 밀짚모자에 작은 손가방을 들고 있었다고 한다. 도중에 쓰지 준의 집에 들러 보려고 가와사키에서 내렸지만, 그 집도 완전히 무너져서 쓰지 가족은 만나지 못했다. 아마 이때 만났다면 노에는 아들인 마코토를 데리고 갔을 테고, 함께 살해당했을 것이다.

점심 무렵 쓰루미에 도착해 이사무를 만나 서로 무사한 것을 확인하고 기뻐했다. 오스기는 이사무에게 자기 집으로 오라고 했지만, 이사무는 이곳에서 어떻게든 버텨보겠다고 했다. 무네카즈는 오스기를 따라가겠다고 했다. 그럼 같이 가자. 이때 무네카즈는 옷이 없어서 여자용 유카타를 입고 있었다. 항간에는 이 때문에 오스기의 딸로 오해받아 살해당했다는 말도 있다. 오후 5시 반쯤, 세 사람은 가시와기로 돌아온다. 아이들에게 주려고 노에는 과일가게에 들러 배를 샀다. 거기로 아마카스 마사히코(甘粕正彦) 대위가 이끄는 헌병대 5인조가 찾아왔다. 아마카스가 "동행해 주시죠"라고 말하자, 오스기가 "일단 집에 들르게 해주게"라고 했지만 아마카스는 억지로 세 사람을 차에 태웠다. 오후 7시 즈음, 오테마치(大手町)에 있는 헌병대 본부에 도착했다.

그리고 두세 시간 사이에 세 사람은 두들겨 맞아 죽었다. 오스기 서른여덟, 노에 스물여덟, 무네카즈 여섯 살. 국가의 개들에게 살해당했다. 이후 취조에서 아마카스는 세 사람을 별실로 데리고 가 한 사람씩 목 졸라 죽였다고 했지만, 새빨간 거짓말이다. 전후에 발견된 사망감정서에 의하면 사인은 교살이었지만, 세 사람 모두 늑골 등의 뼈가 엉망으로 부러져 있었다고 한다. 명백히 주먹질과 발길질로 린치를 당한 흔적이다. 여러 사람이 마구 두들겨 패다가 숨이 넘어갈 즈음 목을 졸라 숨통을 끊은 것이다. 아마카스 일당은 세 사람을 죽인 뒤 시체를 발가벗기고 멍석에 말아 헌병대 본부에 있는 낡은 우물에 던져 넣었다. 거기에 말똥이나 깨진 기왓장을 던져 넣어 증거를 없애려고 했다. 무참하다.

벗들은 비국민
-국가에 대한 해로움은 도처에 널려 있다

실행범은 아마카스를 비롯한 다섯 명이었음이 틀림없다. 그렇지만 아마카스에게 명령을 내린 주범은 훨씬 높은 사람이었던 것 같다. 당시 경찰청 관방주사였던 쇼리키 마쓰타로(正力松太郞)에 따르면, 9월 14일에 이미 육군이 오스기를 죽이라는 명령을 내렸다고 한다. 군의 조직적 범행이다. 애초에는 지진의 혼란을 틈타 실행범이 누구인지 밝히지 않고 흐지부지 넘어가려했던 것 같다. 그렇다고는 해도 여섯 살 난 어린아이까지 죽임을 당했다. 오스기 일행의 미행을 맡았던 요도바시서(淀橋署)의 보고를 받은 유아사 구라헤이(湯浅倉平) 경시총감은 큰일이 터졌다 싶었는지 이 사건을 고토 신페이 내무대신에게 전달했다.

사건을 전해들은 고토는 격노했다. 이러니저러니 해도 두 사람과는 인연이 있다고 할까, 귀여운 녀석들 정도로 여겼을 터이다. 그는 각료회의에서 사건의 개략을 언급한 후, 이것은 인도적 차원의 문제라며 다나카 기이치(田中義一) 육군상을 신랄하게 질책했다. '미안하게 됐네, 고토, 마지막까지.' 이로써 사건이 널리 알려지게 되었다. 9월 20일, 아마카스 일당 다섯 명을 군법회의로 넘기는 것이 결정되었고, 후쿠다 마사타로(福田雅太郞) 계엄사령관이 경질되었으며, 고이즈미 로쿠이치(小泉六一) 헌병사령관, 고야마 스케조(小山介蔵) 도쿄 헌병대장이 정직 처분되었다.

그때부터 군법회의가 열리기까지 군은 언론을 통제했다. 9월 25일에 고작 다음과 같은 발표를 했을 뿐이다.

아마카스 마사히코 헌병 대위는 이달 16일 밤, 오스기 사카에 외 2명을 모처에 동행하여 죽음에 이르게 했다. 위 범행의 동기는 아마카스 대위가 평소에 사회주의자의 행동이 국가에 유해하다고 여기던 차에, 이번 대지진 때에 거물 무정부주의자 오스기 일당이 지진 후에 아직 질서가 잡히지 않은 때를 틈타 어떤 불온한 행동을 할지 가늠할 수 없음을 우려하여, 국가에 대한 해로움을 제거하려고 했던 것으로 보인다.[67]

오스기도 노에도 그리고 무네카즈도, '국가에 해롭기' 때문에 제거되었다는 것이다. 대단한 이유다. 10월 8일에 군법회의 제1차 공판이 열리자 언론에 대한 통제도 풀렸고, 아마카스의 진술이 낱낱이 보도되었다. 아마카스는 다른 방에서 한 명씩 목 졸라 죽였다고 거짓말을 하고 있지만, 노에에 대한 묘사만큼은 어쩐지 매우 생생하다. 조금 길어도 인용해 두자.

노에는 벽 쪽에 놓인 책상에 오른쪽 무릎을 올리고 입구를 등진 채 의자에 앉아 있었기 때문에 목을 조르기가 쉽지 않았다. 그래서 아마카스는 방안을 좌우로 서성이면서 노에가 방심하도록 온갖 문제를 들먹이며 말을 걸었다.
"너희들은 계엄령 선포가 바보 같은 짓이라고 여기겠지."
"…"
"군인들이 바보로 보이지?"
"세상 사람들은 요즈음, 군인이 없으면 안 된다고 말하고 있지 않습니까."
"너희들은 세상이 지금보다 더 혼란스러워질 거라고 기뻐하고 있겠지."
"사고방식이 다르기 때문에 어쩔 수가 없습니다."
웃으면서 이런 얘기를 하던 중 갑자기 틈을 노려 오른쪽

마을을 불살라

옆으로 돌아 오스기에게 했던 것과 동일한 방법으로 노에의 목을 졸랐지만, 위치가 나빴기 때문에 생각처럼 힘이 들어가지 않아서 노에는 두세 번 "으으…"하며 신음을 했고, 마지막까지 왼쪽 손목을 쥐어뜯었지만 이내 숨이 멎었다.[68]

실제로 이런 대화를 했는지는 둘째 치더라도, 아마카스나 군의 간부가 무얼 두려워했는지는 잘 알 수 있다. 이런 미증유의 사태를 틈타 더욱더 혼란을 부추기는 것, 폭동을 일으키는 것. 아마카스의 머릿속에는 쌀소동 때의 군중들이 떠올랐을 것이다. 고분고분했던 일본 국민이 경찰이나 군인에게 바보다 쓰레기다 소리를 지르며 돌을 던졌던 그날, 돌변한 거다. 모두가 일제히 비국민이 되었다. 오사카에서 이런 소동을 부추겼던 오스기는 반드시 때려 죽여야 했던 존재였고, 이를 이어받아 여성들의 직접행동을 선동했던 노에 또한 마찬가지였다. 위험분자는 사전에 죽여라.

물론 이런 생각은 아마카스 일당이 가진 피해망상이었다. 지진 당시 오스기 일행은 피해를 당한 사람들을 어떻게 도울수 있을지 궁리하는 데 여념이 없었으니까. 당연한 얘기다. 그렇지만 언론은 군의 입장에서 정보를 흘려 내보냈다. 어린아이를 죽였다는 부분만 간략하게 보도하고, 그 밖엔 국적을 죽인 아마카스 일당을 훌륭한 우국지사이자 나라의 영웅이라며 치켜세웠다. 이렇게 함으로써 사람들에게 동정심을 얻었다고 생각했을 것이다. 12월 8일, 군법회의는 아래와 같은 판결을 내린다.

아마카스 마사히코 대위 – 징역 10년

모리 케이지로(森慶治郎) 중사 – 징역 3년

히라이 리이치(平井利一) 하사 – 무죄

가모시다 야스고로(鴨志田安五郎) 상등병 – 무죄

혼다 시게오(本田重雄) 상등병 – 무죄

　세 명을 죽이고도 이런 판결이라니. 너무 가볍다. 아마카스는 3년도 채 못 되어 풀려나 만주로 건너갔고, 훗날 만주국에서 암흑가의 보스라 불릴 정도로 출세했다. 이런 망할. 비국민에게는 무슨 짓을 해도 된다는 것인가. 그냥 두고 볼 수는 없었던 아나키스트 친구들이 원수를 갚기 위해 분주해졌다. 뜻을 품고 적에게 뛰어든다. 죽여라, 죽여라, 죽여라, 다 죽여라. 와다 규타로와 무라키 겐지로가 기로친사(ギロチン社)*의 나카하마 데츠(中浜鉄), 후루타 다이지로(古田大次郎)와 손을 잡고, 지진 당시 계엄사령관이었던 후쿠다 마사타로의 목숨을 노렸다. 그러나 와다가 권총을 쏘고 후루타가 폭탄을 던지는 족족 실패하여 이들은 금방 붙잡히고 말았다.

　실패한 시도였음에도 형량은 무거웠다. 나카하마는 사형, 후루타도 사형, 와다는 무기징역이다. 원래부터 병을 앓던 무

• 나카하마 데츠, 후루타 다이지로에 의해서 1922년에 결성된 테러리스트의 결사체. 1921년 후루타는 농민조직화를 위해서 소작인사(小作人社)를 만들지만 성과를 거두지 못하자, 테러리즘을 결의했다. 1922년부터 1924년까지 방일 중이던 영국 황태자에 대한 테러 계획 이후, 일련의 습격사건을 일으켰지만 전부 실패했다. 특히 후루타가 잘못 알고 제15은행원을 찔러 죽인 고사카(小坂)사건(1923년 10월), 와다 규타로, 무라키 겐지로와 함께 오스기의 복수를 위해서 감행했던 후쿠다 마사타로 대장 저격사건(1924년 9월)으로 경찰의 경계가 강화되었고, 기로친사는 괴멸한다.

라키는 재판을 기다리지 못하고 피를 토하며 죽었다. 게다가 간신히 사형을 면한 와다는 1928년, 아키타 형무소에서 자살로 생을 마감했다. 승천, 승천, 승천, 그래도 승천이다. 젠장, 젠장, 노에 씨. 하지만 분명히 말해 두어야겠다. 복수의 횃불은 이제 막 타오르기 시작했다. 나쁜 벼슬아치 한 놈을 죽이고 어쩌고 하는 얘기가 아니다. 혁명이다. 비국민, 멋지다. 실업, 좋지 아니한가. 막상 닥치면 어떻게든 된다. 친구들이 있으면 못할 일이 없다. 무정부는 사실이다. 자기의 일은 자기가 결정한다. 할 수 있다. 이 사람이 있으면 조금 더 잘할 수 있다, 저 사람이 있으면 더 잘할 수 있다. 더 나아갈 수 있다. 가자, 아나르코 코뮤니즘. 국가에 대한 해로움은 도처에 널려 있다. 그렇다, 벗들은 비국민.

고모부 집에 있는 미싱 앞에서
출처: 『定本 伊藤野枝全集』 全四卷, 學藝書林, 二〇〇〇年.
(『정본 이토 노에 전집』 제4권, 가쿠게이서림, 2000년)

관동대지진 직후, 자택 앞 노상에서
오스기와 노에
출처:『定本 伊藤野枝全集』全四巻, 學藝書林, 二〇〇〇年,
(『정본 이토 노에 전집』 제4권, 가쿠게이서림, 2000년)

내가 이 세월 동안 배운 것은 '사랑은 스쳐가는 불꽃이라고는 말할 수 없지만 지속성이 없다는 것은 분명하다'는 겁니다. 하지만 여기에 우정의 열매가 맺힌다면 사랑은 늘 되살아납니다. 열매를 맺지 않는 수꽃의 사랑과는 다릅니다. 열매를 맺으면 그 사랑은 불후(不朽)합니다. 영원한 생명을 갖습니다. 그 불후의 사랑을 얻을 수만 있다면 나는 그것을 일생의 대사업의 하나로 꼽아도 좋다고 생각합니다.[69]

여차하면 태양을 먹자

이 책을 쓰던 중에 여자친구가 생겼다. 3년 만이다. 사귄지 얼마 되지 않아서인지 오로지 애욕에 빠져 지냈다. 좋아서, 좋아서, 너무 좋아서 어쩔 줄 모를 만큼. 섹스다. 물론 성적 충동도 컸지만 그것이 다는 아니었다. 몸도 마음도 부딪히면 부딪힐수록 하나가 되어도 하나가 될 수 없다는 사실을 깨닫게 된다. 나와는 온전히 별개의 사람이라는 것이다. 하지만 그래서 그 둘도 없는 이질적인 상대를 더듬더듬 알아가며 잘해주고 싶어 한다. 울고 웃고 싸우며. 그러는 사이에 나에게 이런 기쁨도 저런 기쁨도 있다는 것을 알게 된다. 새로운 나를 손에 넣자. 이 사람과 함께라면 이것도 할 수 있고 저것도 할 수 있다. 더 할 수 있고 무엇이든 할 수 있다. 그렇게 끊임없이 새로운 나로 다시 태어난다. 힘의 성장, 단절되지 않는 생명. 분명 그 것이 노에가 말하는 우정을 키워가는 행위라고 생각한다.

그러나 생각해보면 최근 몇 년 동안 나는 여자들이 나를 좋아했으면 좋겠다, 연애하고 싶고 섹스하고 싶다고 여기저기 말하고 다니며, 마음에 드는 여자가 있으면 적극적으로 술을 마시자고 청하기도 하고 데이트를 하기도 했다. 하지만 결과는 처참했다. "너 같은 놈은 죽어버려!"라고 소리를 지른 사람도 있었고, 신주쿠의 '람불'이라는 찻집에서 무릎을 꿇은 적도 있을 만큼 철저히 박살났다. 그래서 왜 이렇게 되었나 생각해보니, 아마도 우정이 없었기 때문인 것 같다. 내 나이 서른여섯. 이 나이에 동년배 여성과 사귀려면 앞으로 어떻게 먹고 살지의 문제가 반드시 따라다니기 마련이다. 하지만 나는 돈벌이를 하지 않더라도 책을 보고, 글을 쓰며, 하고 싶은 것을 다 하면서 살고 싶다. 그런데 상대방의 입장에서는 나 같은 사람이 좋아한다고 고백하면 자기를 만만하게 여긴다고 생각할 것이다.

예전에 비슷한 또래의 간호사와 데이트를 몇 번 한 적이 있다. 그녀와 록폰기힐즈에서 영화를 보고 즐거운 시간을 보내다가 집으로 돌아가는 길이었는데, 우리 앞으로 노숙자 한 명이 지나갔다. 그때 그녀가 갑자기 신경질적으로 이렇게 내

뱉었다. "왜 저런 게 여기 있는 거야?" 내가 잘못 들은 것 같아 "뭐라고?"라며 되묻자 그녀는 말을 이어갔다. "여기를 깨끗하게 하려고 다들 애쓰는데, 저 사람이 망쳐놓잖아, 더럽게"

그 말을 들은 나는 언짢아져서 "그게 무슨 소리야?"라고 말하자, 그녀의 분노가 어이없게도 이번엔 나를 향했다. "너, 술도 마시고 담배도 피우지? 그건 네가 노숙자 예비군이라는 뜻이야. 알겠어? 냄새나고 지저분하고 더럽히면서 민폐를 끼친다고. 알겠어? 알바하면서 글을 쓰겠다고? 그건 자살행위야. 알겠어!" 나는 왠지 기진맥진해져 말없이 그녀와 헤어져 그길로 연을 끊기로 했다. 그 후 문자로 엄청나게 욕을 먹은 뒤, 이대로 두면 안 되겠다 싶어 신주쿠의 '람불'에서 사과를 했다. 이런 경우가 바로 우정이 없다는 것이리라.

그러던 중에 지금의 여자 친구를 만났다. 그녀는 내가 쓴 책을 읽기도 해서, 처음 만났을 때부터 입버릇처럼 "돈만 생각하면서 그저 살아가기에 급급한 삶은 지긋지긋해. 좋아하는 걸 마음껏 다 해보고 싶어"라고 말했다. 사귀기 시작하고 2주가 지났을 무렵이었다. 여자 친구가 자기에게 책을 추천해 달라고 해서 사카구치 교헤이(坂口恭平)가 쓴 『0엔 하우스(0円ハウス)』를 권했다. 그녀는 부동산회사에서 일하고 있었고 주거에 관심이 많다기에 딱 맞는 책이라고 생각했다. 내 나름대로 참 좋은 책을 추천한 것이다. 그 다음 주에 그녀가 집으로 나를 초대했다. 내 머릿속은 온통 야한 생각으로 가득 차 있었는데, 밥을 먹다가 그녀가 진지한 얼굴로 이렇게 물었다. "지금 나한테 노숙자가 되라는 말인가요?"

이런, 이거 야단났다. '0엔 하우스'는 노숙자라고 불리는 사람들이 사는 파란색 텐트를 말한다. 건축학을 전공한 사카구치가 스미다(隅田)강 주변의 노숙자 텐트를 견학했을 때, 그 쾌적함에 놀라 돈이 들지 않는 집이라며 '0엔 하우스'라고 이름 붙인 것이다. 실제로 사카구치가 본 집은 그냥 잠만 자는 곳이 아니라, 태양광 집열판이나 버려진 발전기로 이런저런 궁리를 해서 집에 필요한 모든 에너지를 전기로만 조달했다. 뿐만 아니라 공원에 가면 수도도 있고 목욕도 할 수 있으며, 마트에 가면 버려지는 채소가 있다. 책이 읽고 싶으면 도서관에 가면 된다. 돈을 벌지 않아도 웬만한 건 그럭저럭 해결된다.

이런 좋은 얘기였는데, 아무래도 록폰기힐즈의 악몽이 떠올랐다. 화내면 어쩌지? 화내지 않았으면 좋겠다. 나는 불안해하면서 "아, 아니. 여차하면 어떻게든 된다는 말을 하고 싶었을 뿐이에요, 그냥." 조금 기가 죽어 이렇게 말했다. 그러자 그녀는 깔깔깔 웃으며 말했다. "그렇군요. 내 친구는 광합성을 해서 살아가려고 하고 있어요." '무슨 소리를 하는 거지?' 내가 의아한 얼굴을 하자, 대답이라도 하듯 그녀는 이렇게 말했다. "그런데 아직 태양광만으로는 부족한 모양이에요. 하루에 과일 하나는 먹고 있어요." 아니, 그런 얘기를 듣고 싶은 게 아니라고 생각하면서도 그녀가 무엇을 말하고 싶어 하는지 바로 알 수 있었다. 여차하면 어떻게든 된다. 방법은 얼마든지 있다는 것이다. 모든 에너지원을 전기로 쓰는 노숙자 텐트 정도가 아니라, 태양광 집열판 그 자체가 되어도 좋다는 말이다.

내가 "그거 좋네"라고 말하자 그녀는 덧붙였다. "노숙자 텐트도 좋지만, 앞으로는 빈집도 늘어날 테니 더 좋은 방법들이 있을 거예요" 내 친구인 시라이시 요시하루(白石嘉治)도 앞으로 지방 뿐 아니라 도심이나 교외에도 지은 지 30년 이상 된, 거저나 다름없는 집이 늘어날 테니 그것을 0엔 하우스라 부르자. 그리고 도적처럼 그 집을 빼앗아 사는 생활방식을 생각하면 된다고 말하고 있다. 아마 그녀도 같은 이야기를 한 것 같다. 게다가 그녀는 부동산 회사에서 일하고 있는 만큼 우리와는 다른, 좀 더 구체적인 무언가가 보였을 것이다. 든든하다. 혼자서는 보이지 않았던 시야가 점점 열린다. 분명 이것이 하나가 되어도 하나가 될 수 없는, 우정을 키워가는 일이라고 생각한다. 도쿄슬럼전쟁. 여차하면 태양을 먹자.

태초에 행동이 있었다, 해버리는거야!

어쩌다 보니 내 얘기만 늘어놓았지만, 정작 말하고 싶었던 건 노에의 좋은 점 또한 이런 게 아닐까 하는 것이다. 막상 닥치면 어떻게든 된다. 어릴 적부터 노에는 그렇게 실감하며 살았다. 기필코 자신이 좋아하는 일을 하겠노라고. 책을 읽고 싶고, 공부를 하고 싶고, 글을 쓰고 싶고, 더 재미있는 일을 하고 싶고, 더 날카로워지고 싶다. 그리고 그렇게 할 수 있도록 도움을 주는 후원자, 친구, 연인을 계속 만든다. 다이 준스케, 쓰지 준, 히라쓰카 라이초, 오스기 사카에 등등. 애인이 있었으면 좋겠고 섹스도 즐기고 싶다. 아이도 낳겠다. 맛있는 음식을 배불리 먹는 것도 포기하지 않겠다. 이런 삶의 방식이 대단한 이유는, 보통 하나를 택하면 다른 무언가를 포기하기 마련인데, 노에는 그렇지 않았기 때문이다. 전부 다 하는 거다. 욕망을 활짝 펼친다. 돈벌이가 있건 없건 상관없다. 친구든 친척이든 기댈 수 있는 곳이라면 어디든 기대어 뻔뻔하게 하고 싶은 걸 하는 거다. 제멋대로 하기, 우정, 꿈, 돈. 노에는 이런 우선순위를 제대로 알고 있는 사람이라는 생각이 든다.

물론 난관에 부딪힐 때도 있었다. 노에에게 가장 어려운 건 '가정'이었다. 죽을힘을 다해 때려 부수고 도망간다. 설령 엎어지고 피를 토하더라도 몇 번이고 다시 일어난다. 실제로 다섯 명의 남자에게 배를 걷어차여 죽을 뻔한 일도 있었다. 이쯤은 끄떡없다는 근성. 노에는 왜 이렇게까지 가정에 맞선 것일까? 그 기원이 노예제이기 때문이다. 여자는 집안에 갇히면 남자에게 생살여탈권을 빼앗겨 버린다. 요컨대, 남편의 재산, 상품, 가축으로 취급된다. 노예인 셈이다. 여자는 집안일부터 성적인 봉사까지 시키는 일이면 무엇이든 해야 한다. 말을 듣지 않으면 불량상품으로 취급되어 언제라도 버려지거나 죽임을 당할 수 있다. 그러한 죽음의 공포 속에서 노예의 삶을 어쩔 수 없이 받아 들여왔던 것이다.

그렇지만 남편의 입장에서도 번번이 위협을 가하는 건 품이 드는 일이다. 그래서 남녀의 계약이네, 사랑의 맹세네 하며, 노예를 자처하게끔 만드는 구조가 고안되었다. 바로 결혼제도다. 여자는 아내의 역할을 다하는 한에서 인간성을 인정받는다. 근대가족의 모양새를 갖추면서 여성을 대놓고 노예 취급하는 것은 피할 수 있게 되었다. 그러나 그 근간은 바뀌지 않았다. 여자가 아내의 역할을 방기하고 남편이 아닌 남자와 섹스를 하면 엄청난 비난이 쏟아진다. 불륜, 쓰레기, 걸레 같은 년이라고. 다른 여자와 바람을 피운 남자에게 곧잘 인기 있어 좋겠다는 말을 하는 것과는 하늘과 땅 차이다.

게다가 가정 밖에서 섹스하는 여성들, 특히 성을 상품으로 파는 창부들은 그것이 직업일 뿐인데도 상스러운 천업부라 불린다. 따지고 보면 주부도 집안에 갇혀서 자신의 삶과 성을 상품으로 삼는다는 점에서 다를 바 없지 않은가? 비참한 일이다. 이런 비참함을 은폐하기 위해 여전히 가정도덕이 설파되고 있다. 남녀가 섹스를 하면 한 몸이 된 것 같은 쾌감을 맛볼 것이다, 사랑하는 커플은 하나가 될 수 있다, 사랑의 맹세를 하고 결혼을 하자, 가정을 이루자, 그것이 사람으로서 자연스러운 일이다, 그러니 그것을 망가뜨려서는 안 된다고. 새빨간 거짓말이다. 사람은 하나가 되어도 하나가 될 수 없기 때문이다. 그러나 하나가 될 수 있다는 굳건한 믿음으로 모두 남편이나 아내의 역할을 기꺼이 받아들인다. 때때로 가정 밖의 노예들을 배제하면서 말이다. 노예근성이다. 이런 빌어먹을. 이런 건 절대 용납할 수 없다. 필시 노예가 자신의 삶을 걸고 타파하고자 했던 건 이런 게 아니었을까?

게다가 요즘은 내 집 마련까지 해야 한다. 행복한 가정을 이룬다는 것은 내 집을 갖는 것과 같은 말이 되었다. 사람도, 땅도, 행복도 모두 돈으로 바꿀 수 있다. 소유할 수 있다는 거

백치가 되어라

다, 뭐든지. 35년 상환 대출을 받아 그것을 갚아나가는 것이 집안의 가장이고, 그를 내조하는 것이 아내의 역할이라고 여겨진다. 빌린 돈을 갚지 않으면 인간 취급을 받지 못한다. 게다가 내 집 마련을 포기하는 것은 가정을 포기하는 것으로 간주된다. 말하자면 그건 불륜 같은 거다. 그렇게 되지 않기 위해서 자기가 하고 싶은 일 따위는 제쳐두고 돈이 되는 일만 한다. 맞벌이를 할 때도, 생계를 꾸릴 때도, 자녀들을 취직시킬 때도 마찬가지다. 부채인간. 문자 그대로 노예의 삶을 사는 것이다.

더 무서운 일은 사실 지금 내 집을 장만할 수 있는 사람이 거의 없는데도 서민들까지 대출을 받을 수 있다는 것이다. 〈프리터, 집을 사다(フリーター, 家を買う)〉라는 드라마에서처럼, 가난한 청년도 부모와 함께라면 대출을 받을 수 있는 이상한 제도가 많이 있다. 모두 빚 때문에 노예가 된다. 그래서 몸이 부서지도록 일하고, 열심히 일할수록 힘겹게 마련한 내 집의 가치를 떨어뜨려서는 안 된다고 생각한다. 자기가 사는 지역의 땅값이 몹시 신경 쓰인다. 더러운 것은 사절하고, 거리를 깨끗하게 하자. 담배를 피워서도 안 되고, 거리를 더럽히는 노숙자는 쫓아내자. 동네를 정화해서 땅값을 올리자. 그리고 모두가 그렇다고 생각하기 시작하면 어디에서나 같은 것을 추구하게 된다. 남녀 할 것 없이 롯폰기힐즈든 어디든 항상 집값을 의식해서, 질서를 어지럽히는 행동은 하지 않도록 자기를 규제하게 된다. 규율로 가득 찬 '마을'이 되살아나고 있다.

지금 노에가 살아있다면, 뭐라고 할까? 아마도 옛날과

똑같은 말을 할 것이다. 집에 속박되어 있다면, 자신의 몸이 보이지 않을 때까지 시키면 어둠을 향해 달려라. 도망쳐. 돌아오지 마, 약속 따위 지키지 마. 그리고 맘껏 책을 읽고, 실컷 먹고, 질리도록 섹스를 하며 살아가는 거야. 그렇게 하면 먹고 살 수 없다고 말하는 사람이 있을지도 모른다. 하지만 노에라면 이렇게 말할 것이다. "가만히 주위를 둘러보세요. 어떻게든 살아가게 되어있지 않습니까." 무정부는 사실이다. 가난 따위 아랑곳없이 제멋대로 살아라. 친구가 있으면 못할 일이 없다. 저 친구가 있으면 이것도 할 수 있고, 이 친구가 있으면 저것도 할 수 있다. 여차하면 어떻게든 된다. 뭐든지 할 수 있다. 그대, 중심이 없는 기계가 되어라. 그걸 방해하는 무언가가 있다면, 언제든 쌀소동이다, 세입자운동이다! 간절히 원하기만 하면 얻을 수 없고, 위협하면 조금 얻을 수 있고, 강탈하면 전부 얻을 수 있다. 마을을 불살라 백치가 되어라. 하나가 되어도 하나가 될 수 없다. 태초에 행동이 있었다. 해버리는 거야!

이 책을 집필할 때 많은 분께서 도움을 주셨다. 특히 친구인 고이 겐타로(五井健太郎)는 연애상담을 많이 해 주었다. 고마워. 또 야마이즈미 스스무(山泉進) 선생님은 이 책을 기획할 수 있도록 추천해 주셨다. 감사합니다. 그리고 고(故) 호리키리 도시타카(堀切利高) 선생님께도 감사드립니다. 선생님께서 엮은 훌륭한 전집 덕분에 이 책을 쓸 수 있었습니다. 담당 편집자 와타나베 아사카(渡辺朝香) 씨에게도 감사드립니다. 매달, 한 장을 쓸 때마다 과분한 격려를 해 주신 덕분에 힘을 내서 끝까

지 쓸 수 있었습니다. 고맙습니다. 마지막으로 독자 여러분께
도 감사의 인사를 전합니다. 애석하게도 노에 씨는 처참하게
살해당했지만, 그 사상을 살아간다는 건, 우리의 일상에서도
할 수 있다고 생각합니다. 태초에 행동이 있었다. 해버리는 거
야! 다시 어딘가에서 만납시다. 안녕.

＊

"싫은 남자가 가슴을 만지면 화를 내지만, 좋아하는 남자
가 만지고 싶어 하는 엉덩이는 갖고 싶어." 1970년대 초반 일
본에서 우먼리브운동에 불을 붙인 다나카 미쓰(田中美津)가 한
말이다. 미쓰는 우먼리브에 대해 이런 식의 말을 자주했다. 싫
어하는 남자가 가슴을 만진다면 여자는 어떻게 할까? 지금까
지의 페미니스트라면 사회를 향해 그 남자의 잘못에 대해 호소
하겠지. 성추행이라고 법정이나 언론에 호소하며 그의 부정을
바로잡으려 할 것이다. 하지만 우먼리브는 다르다. 해야 할 일
은 단 한 가지. 죽인다. 죽인다. 죽~여라. 때려눕혀라. 설사 그
렇게 하지 못하더라도 때려눕히려고 하는 나를 자랑스러워하
라. 뻑큐, 뻑큐, fuck you, 뻐어~~~억큐!

물론 우먼리브도 페미니즘 운동의 하나라서 무슨 일을 당
하면 엄청 소란을 피운다. 필요하다면 변호사를 써서라도, 언
론을 이용해서라도 나라의 제도를 바꿔서라도 부정을 바로잡
고자 열심히 뛴다. 하지만 중요한 것은 우먼리브의 원점이다.

깨부수고 소란을 일으키고 불태우고 야단법석을 떨어라. 여자는 남자의 노예가 아니야, 무엇이든 '네네'하며 얌전히 말을 잘 들을 거라고 생각하면 큰 오산이야. 그걸 온몸으로 보여주는 거다. 그걸 할 수 있다는 것을 온몸으로 느끼는 것이다. 피가 끓는다. 살이 뛴다. 그런 환희를 손에 쥐는 것이다. 미쓰는 오히려 그것이 없으면 위험하다고까지 말한다.

처 죽이겠다고 씩씩거리며 가해자인 남자를 때려눕히는 것까지는 좋지만 노골적으로 악(惡)을 처단하는 사이, 문득 정신을 차려보면 이쪽이 절대 정의가 되어버릴 때가 있다. 피해자로서 '올바른 윤리'를 세우고 있을 때가 있다. 여자는 남자에게 애교를 부려서는 안 된다. 올바른 '자립한 여성'이어야만 한다고 말한다. 화장을 하거나 액세서리를 하면 아양을 떤다고 비난을 받기도 하고, 미니스커트를 입는 행위처럼 남자가 좋아할 것 같은 차림이나 몸짓은 애교를 떤다는 소리를 듣는다. 사람에 따라서는 더욱 강하게 밀어붙여 옛날부터 연애는 남자의 시선이 아니었는가, 사람을 좋아하는 것 자체가 애교 아닌가 하며 즐겁게 연애하는 여성을 디스하기까지 한다.

그래서 미쓰는 말한다. 글쎄요. 그렇게 하면 답답하지 않나요? 당신들, 남자의 지배와 싸우고 있는 동안 새로운 지배를 세우고 있는 건 아닌가요? 피해자로서의 올바름을 소리 높여 외치는 사이에 이때까지 남자들이 해왔던 것과 같은 일을 하고 있지는 않나요? '여성은 가정에 있어야 한다'가 '여성은 자립해야 한다'로 바뀌었을 뿐 아닌가요? 미쓰는 여자라면 마땅히 해야 한다고 일컬어지는 일을 타인에게 강요할 뿐인 건 아닌지

되묻는다. 발맞추어 나가는 길에 훼방을 놓지 말라고? 그대로 따르라고? 웃기시네. 올바름을 외치고 사람을 따르게 하는 것을 그만두자. 중요한 것은 그 다음이다. 피해자로서의 자기도, 그 올바름도 뚫고 나아가자. 가해자도 피해자도 아닌, 그 어느 쪽도 아닌 무언가로 바꾸어 가자.

결코 어렵지 않은 일이다. 아무리 격렬하게 남성 중심적 사회와 싸워도 좋아하는 남자에게 안기고 싶어 하는 내가 있다. 섹스도 하고 싶다. 그놈을 온 힘을 다해 유혹하고 싶다. 그것을 위해 예쁘게 꾸미고 싶다. 응석을 부리고 싶다. 애교를 떨고 싶다. 그런 나도 있는 것이다. 이는 올바른 '자립한 여성'과 부딪칠지도 모른다. 그래도 괜찮다. 나의 몸을 속이지 마라. 욕망을 활짝 열어라. 해, 해, 해버려. 피가 끓는다. 살이 뛴다. 기쁘다. 즐겁다. 기분 좋다. 그렇게 피해자로서의 나에게서도, 그 올바름에서도 뚫고나왔을 때 처음으로 진정한 나의 해방이 있는 것이다. 아주 짧은 순간일지 모르지만, 누구에게도 무엇에도 얽매이지 않는 절대 자유를 획득할 수 있다. 바로 그렇기 때문에 미쓰는 몇 번이나 이렇게 말한다. "싫은 남자가 가슴을 만지면 화를 내지만, 좋아하는 남자가 만지고 싶어 하는 엉덩이를 갖고 싶어." 좋아요!

*

그런데 왜 이런 이야기를 하는가 하면, 이 책의 주인공 이토 노에가 우먼리브 운동의 원조라고 불리기 때문이다. 무슨

백치가 되어라

근거로 이렇게 말하는가? 노에가 자기 몸의 기쁨에 충실했다는 이유에서다. 그것을 주저 없이 행동에 옮겼고 더 나아가 언어로 표현했다. 맘껏 책을 읽고 싶다. 글을 쓰고 싶다. 맛있는 것을 먹고 싶다. 좋아하는 남자와 연애를 하고 싶다. 섹스하고 싶다. 아이도 낳고 싶다. 이런 것들 무엇 하나 포기하지 않고 맹렬하게, 거리낌 없이 실행해나간다.

원래 노에는 『청탑(青鞜)』이라는 잡지에서 활동했다. 1910년대, 지금보다 더 남성 중심적인 사회에서 '새로운 여성'이라는 깃발을 올린 곳이다. '새로운 여성'은 요즘 말로 하면 '자립한 여성'이다. 그때까지 여자는 자기의 의사와 상관없이 부모의 뜻에 따라 결혼을 하는 것이 당연했고 그 다음에는 남편이나 시어머니의 말을 따라야 했다. 그 외에 선택의 여지는 없다고 세상은 말하지만 『청탑』에서는 그렇지 않다고, 여자도 제대로 자신의 의사를 갖고 있고, 일하면서 자기의 생계를 이어갈 수도 있다고 말했다. 또한 결혼도 자기가 선택할 수 있으며 좋아하는 남자를 골라 결혼해도 좋다고 했다. 그건 음란도 그 무엇도 아니다. 자유의지에 기반해 남자와 여자가 이어지는, 진정한 애정이고 존경이며 올바름이라고 말했다.

하지만 노에는 그러한 올바른 것들도 모조리 깨부순다. 양껏 글을 쓰고 싶지만, 딱히 일을 해서 먹고 살고 싶지도 않고 돈이 없으면 없는 대로 남에게 빌리면 된다고 생각한다. 자식 양육도 해줄 사람이 있다면 얼마든지 맡겨버린다. 연애도 그렇다. 이미 결혼했어도 좋아하는 남자가 생기면 그 사람에게 혹하고 달려든다. 나는 섹스가 좋아. 오 마이 섹스. 가자! 물론 사회적으로 엄청나게 욕을 먹었다. 악마다, 음란한 년이다 하는 소리를 들었고, 『청탑』 동료들한테도 너는 '자립한 여성'의 발걸음을 흐트러뜨렸다, 너 때문에 우리 모두가 반사회적이고 부도덕하다는 오해를 받는다, 우리의 발걸음을 망가뜨리지 말라는 말을 들었다. 실제로 노에의 불륜스캔들을 계기로 『청탑』은 무너지고 만다.

그래도 노에는 세상을 따르지 않는다. 여자는 마땅히 이래야 한다고? 말을 잘 들으라고? 웃기고 있네. 구태의연한 가족제도든 근대적인 가족관이든 그런 것들로 올바른 여자의 삶이 정해진다면 결혼제도 그 자체가 필요 없다. 가정을 날려버려라. 불을 질러라. 불륜 만세, 음란 좋아! 남자의, 부모의 말을 잘 들어야 하는 것도, 여자는 마땅히 이래야 한다는 것도 싫다. '자립한 여자'이어야 한다고 강요당하는 것도 싫다. 뻑큐, 뻑큐, fuck you, 뻐어~~~억큐! 뚫고 나아가라. 주변이 날 어떻게 생각하든 상관없다. 똥이든 된장이든 만세다. 신경 쓰지 마라. 그저 자기의 욕망에 따르면 된다. 가난 따위 아랑곳없이 제멋대로 살아라. 피가 끓는다. 살이 뛴다. 기쁘다. 즐겁다. 기분 좋다. 이것이 진정한 해방이다. 누구에게든 무엇에든 얽매이지 않는다. 지금까지 내가 옳다고 믿어온 신념에조차 얽매이지 않는다. 뚫고 나아가라! 이것이 이토 노에의 아나키즘이다.

*

글이 길어졌기에 슬슬 정리하도록 하겠다. 내가 말하고 싶은 것은 이것뿐이다. 피해자의 정치에 얽매이지 마라. 그런 것이 나타나면 언제든 그 발걸음을 흐트러뜨려라. 페미니즘만이 아니다. 반핵운동도, 환경정의도, 노동운동도 어디든 그러하지만, 사람들의 기운이 모일 때는 반드시 올바름을 가장하고 사람들을 끌고 가려고 하는 놈들이 스윽하고 나타난다. 그리고 그런 놈들이 세지면 세질수록 저건 절대 안돼, 이건 절대 금지. 저것도 안돼. 이것도 안돼. 다 안 된다고 하며 올바른 윤리로 딱딱해져 간다. 피폐, 피폐, 너덜너덜이다.

그리고 그럴 때 사람의 마음을 사로잡는 것이 파시즘이다. 그것은 여성이나 다른 인종에 대해서도 입에 담아서는 안 되는 말을 일부러 내뱉으면서, 그것이 마치 해방인양 착각하게 만든다. 평소에 일이 잘 안 풀리고 미래가 전혀 보이지 않는 생활을 하고 있는 아저씨들이 "아아, 여자들에게, 이민자들에게 일을 빼앗겨서 우리가 이 꼴이 되었다. 차별당하고 있는 건 우리다"라며 들고 일어나는 것이다. 그런 놈들에게는 올바름을 주장해도 통용되지 않는다. 오히려 공격당하기 좋은 표적이 된다. 무슨 말을 해도 낄낄대며 비웃음을 당한다. 멍청한 년들이라는 소리를 들을 뿐이다. 캄캄하다. 너무 캄캄하다.

그런 쓰레기들의 입을 다물게 하기 위해서라도 우먼리브 운동의 원점을 놓치지 않는 것이 중요하다. 뻑큐, 뻑큐, fuck you, 뻐어~~~억큐! 진정한 해방이 무엇인가를 다 까놓고 보여줄게. "싫은 남자가 가슴을 만지면 화를 내지만, 좋아하는 남자가 만지고 싶어 하는 엉덩이를 갖고 싶어." 너의 몸을 포기하지 마. 이제는 하고 싶은 일이 아니면 하지 않아. 가정을 날려버려, 불을 질러, 피가 끓는다. 살이 뛴다. 기쁘다. 즐겁다. 기분 좋다. 나는 섹스가 좋다. 가라, 가라, 가라, 가라. 마을을 불살라 백치가 되어라. 부디!

2019년 5월 28일
구리하라 야스시

새로운 약속을 교환하면 문제가 해결될까?

이 책은 저자 구라하라 야스시가 백년 전 일본의 아나키스트 이토 노에의 삶과 죽음에 대해 쓴 일종의 평전이다. 저자는 자신의 연애가 파국으로 치닫고 있었을 때 노에의 글을 읽었다고 한다. 결혼을 앞두고 여러 가지 '현실적인' 문제에 직면했던 그에게 노에의 삶은 무엇보다 '생(生)의 부채화'를 온몸으로 거부하는 의미로 다가왔을 것이다. 내가 이만큼 했으니 상대방도 그 정도는 해야 한다는 생각에 갇혀 서로가 서로에게 빚을 쌓아 그에 대한 보상을 바라는 관계. 살아있는 것 자체가 부채가 되어버리는 이런 사회에서는 서로를 향한 마음도 손익계산으로 쉽게 변질된다.

결혼과 동시에 남편과 아내라는 역할의 고정과 함께 삶의 방식이 한정되어 버리는 것에 대한 폐색감. 내 집 마련을 위해 30년이 넘는 대출상환 기간 동안 은행에 미래를 저당 잡히는 것도 모자라, 정규직 직장이라는 암묵적인 자격이 요청되는 결혼제도 앞에서 저자가 느껴야 했던 좌절감은 전작에서도 에피소드로 등장할 만큼 중요한 사유의 계기였다.

> "인간 사회는 약속의 축적으로 이루어진다. (중략) 그리고 그런 사회의 토대가 되는 것이 바로 결혼이다."
> "지금 남자들과 주고받는 약속은 불평등하다. 그러니 그것을 개선하자. 남자와 정치적, 경제적 평등을 이루어내자, (중략) 새로운 약속을 교환하면 문제는 개선될 수 있다."(본문 13~14쪽)

백 년 전 일본이라는 시공간에서 노에는 이런 주장들이 '급진적'인 것이라 여겨졌던 때조차 "약속 그 자체를 파기하자"며 이의를 제기했다. 아무리 좋은 약속이라도 개개인이 어떻게 살 것인지를 규정짓는다는 점을 문제 삼은 것이다. 아직 구현되지 않은 행동도 하나의 삶의 방식이라고 한다면, 우리는 정해진 약속 때문에 하나만을 추구하면서 잠재적으로 선택할 수 있었을 무수한 생을 말살당하게 된다. 그러니 그저 하고 싶은 것을 하면서 제멋대로 살고 싶다! 저자가 노에의 삶에 끌렸던 지점 또한 바로 여기가 아니었을까?

이토 노에의 '모순연애론'

노에는 결혼제도에 대한 폐색감을 마주할 때마다 망설임 없이 가정으로부터, 결혼제도로부터 도망쳐 나와 구태의연한 인습을 떨쳐버리려고 했다. 좋아하지도 않는 남자와 열여섯에 약혼하고 이듬해 그 집안의 호적에 입적된 상태에서 노에는 여학교 시절 좋아했던 선생, 쓰지 준과 자유연애를 했다. 주변 사람들이 이를 두고 불륜이네 음란이네 하며 죄악시하자, 노에는 청탑사의 히라쓰카 라이초에게 강요된 결혼의 모순 속에 내던져진 자신의 상황을 호소하는 편지를 썼고, 며칠 후 직접 라이초를 찾아간다. 당시 『청탑』은 억압되어왔던 여성들의 문예와 사상을 드러낼 수 있는 담론의 장(場)이었다. 이를 계기로 노에는 이혼을 준비하는 한편, 이제껏 가정이나 학교에서 여성으로서 겪었던 부당함을 글로 쓰면서 『청탑』의 지면(紙面)을 통해 노예제와 다를 바 없는 결혼제도에 맞섰다. 노에는 불순한 건 자유연애가 아니라 결혼제도 그 자체이며, 자신이 겪고 있는 부당함의 근거가 세간에서 말하는 도덕이라면 먼저 그것을 파괴하는 것에서부터 시작해야 한다고 주장했다.

노에는 이혼 후 열여덟 살에 쓰지와 이른바 자유결혼을 하고 두 아이를 출산했지만, 시어머니에게 신경을 쓰고 일하지 않는 남편 대신 돈을 벌기 위해 글을 쓰면서, 정작 자신이 가장 좋아하는 책 한 권 읽을 시간이 없는 현실을 마주하게 된다. 그리고 쓰지와 살면서도 거물 아나키스트 오스기 사카에와 사각관계 속에서 자유연애를 했다.

사실 오스기는 자신의 글에서 커플이나 일부일처제를 규정짓는 발상 자체를 부정하고 자유연애를 주장해 왔다. 일반적으로 '자유연애'는 부모가 정해준 짝이 아니라 본인이 좋아하는 사람과 결혼하는 의미로 사용되었지만, 오스기에게는 결혼이나 커플이라는 틀을 깨고 자유롭게 연애하는 것을 의미했다. 그러나 이런 오스기조차 자유연애의 세 가지 조건을 제시했다. 서로 경제적으로 독립할 것, 동거하지 않고 각자 생활할 것, 성적인 면을 포함해서 서로의 자유를 존중할 것. 노에는 이러한 약속들이 결혼제도보다는 느슨하다 하더라도 이 또한 어차피 자신을 구속할 것이라는 생각에 마음속으로 코웃음을 쳤다고 한다.

노에는 쓰지를 떠나 오스기와 함께 살면서 다섯 아이를 더 낳으며 잡지를 출간하고 노동운동에 뛰어들었지만, 일상에서는 왠지 자기도 모르게 좋은 아내를 연기했다고 고백한 바 있다. 오스기와 함께라면 결혼제도를 부인하고 남녀의 역할에 구애받지 않는 자유를 누릴 것이라 생각했지만, 문득 정신을 차려보면 결국 아내의 역할을 받아들이고 있었다는 것이다. 그럴 때마다 노에는 몸에 밴 노예근성을 어떻게든 떨쳐버려야 한다고 자각했다. 그리고 이러한 자신의 연애를 '모순연애'라고 명명하면서 정해진 틀에 자기 삶을 맞추려는 것을 늘 경계했다.

낙태논쟁

1915년에 발행인이 라이초에서 노에로 바뀌면서 『청탑』 제2기가 시작되었고, 세 가지 논쟁이 일어났다. 정조논쟁, 낙태논쟁, 폐창논쟁이 그것이다. 백 년 전 여성들도 지금─여기를 살아내는 여성들과 비슷한 고민들을 쏟아내며 뜨거운 논쟁을 벌였다는 점이 매우 흥미롭다.

가난해서 부모가 될 자격이 없으니 아이를 지우고 싶고, 자신의 한쪽 팔을 잘라냈다고 해서 죄를 물을 수 없는 것처럼 낙태 또한 죄가 아니라는 하라다 사쓰키의 주장에 대해, 노에는 애초에 경제적인 능력으로 부모가 될 자격을 묻는 것을 비판하고, 피임에는 찬성하지만 일단 임신을 하면 낙태를 해서는 안 된다는 의견을 피력한다. 낙태를 법으로 금지하자는 것은 아니었지만, 어떻게 싹틀지 모르는 '미지의 가능성'으로 태아의 생명을 다루어야 한다는 것이다. 이에 대해 라이초는 '생명'이라는 말이 낙태를 원하는 여성들에게 불필요한 죄의식을 심어주게 된다고 반론하면서, 가난하지 않아도 낙태를 원하는 여성들이 있을 수 있고, 여성 자신이 스스로 자신의 미래를 결정해야 한다고 주장했다.

노에의 짧은 생애사 속에서 특이할 만한 점은 아이를 일곱 명이나 낳았다는 것인데, 양육에 대한 그의 관점은 독특한 것이어서 위에서 그가 '미지의 가능성'으로써 생명을 언급한 부분을 조금 더 들여다볼 필요가 있다고 생각된다. 사실 이 책 속에서 노에는 경제적인 빈곤함 때문에 자신의 아이를 다른 이에게 맡겨버리거나 똥기저귀도 빨지 않는 모습으로 그려질 뿐이어서 양육에는 전혀 관심이 없는 사람으로 비춰진다.

노에는 "아이를 낳고 아이로 돌아간다"고 말했다. 그 당시에도 지금처럼 어른은 아이를 자신의 소유물이나 불완전한 인격체로 여겼기 때문에 대부분의 부모들은 자기의 생각대로 키우려 했다. 그러나 노에는 아이들이 주변의 시선을 신경 쓰지 않고 정말로 자기가 하고 싶은 무언가에 몰두하며 즐거워하는 모습을 관찰하다가, 그들이 어떤 것에도 얽매이지 않고 자유 분방하게 지낼 때야말로 터무니없는 힘이 발휘된다는 것을 알았다. 아이들이 '예측 불가능한' 존재로 성장하는 과정 속에서 자기도 아이가 되어 아이를 생각하는 것. 노에는 이것이야말로 아이를 키운다는 것이라고 말한다.

낙태를 반대하면서 '생명'에 집착했던 노에의 주장은 현재적 관점에서 충분히 비판할 수 있는 여지가 있지만, 아이를 낳아 키우는 것을 둘러싼 당대 사람들의 감각과 사회적 조건을 고려하지 않은 채, 노에의 주장을 그대로 현재로 소환해서 '태아도 생명이다'라는 식의 주장을 하는 낙태죄 폐지 반대론자들의 보수성에 그대로 이어 붙여 맥락없이 비판하는 것은 경계해야 하지 않을까?

폐창논쟁

폐창논쟁은 노에가 기독교계 부인단체인 교풍회를 비판하면서 시작되었다. 에도 시대부터 있었던 요시와라(吉原) 등의 유곽은 인신매매와 다를 바 없었는데, 부모나 친척의 빚을 갚기 위해 팔려간 딸들이 한 번 들어가면 빠져나올 수 없는 구조였기 때문이다. 메이지 시대가 되자 형식적으로는 공창제가 폐지되었지만, '자발적 매춘'에 한해서는 인정한다는 편법이 등장했다. 이러한 정부의 조치에 대해서 교풍회는 유곽이 공공질서와 미풍양속을 해친다고 주장하며 반대했다. 노에는 교풍회가 유녀들을 '천업부(賤業婦)'라고 부르는 것에 반발하면서, '바이블우먼'들이 '천업'이라는 미신에 사로잡혀서 생활고 때문에 몸을 파는 여성들을 배제하고 있다고 지적했다. 매춘의 문제를 진지하게 고민한다면 우선 그 일을 천하다고 하면서 그들을 업신여기는 건 그만두자는 소리다.

이에 아오야마 기쿠에가 반격에 나섰다. 노에는 매춘 자체는 나쁘지 않으며 게다가 없어질 리도 없다고 말하고 있지만, 여성이 성을 상품으로 삼는 것은 옳지 않은 일이며 없애야만 한다. 공창을 없애도 여전히 사창이 되는 여성들이 생기는 이유는 여성이 할 수 있는 다른 노동의 임금이 낮기 때문이니 중요한 것은 사회 개조이고, 우선은 봉건제도 그 자체인 공창제도를 폐지해야 한다는 주장이다.

노에는 자신이 사회제도를 바꿀 수 없다거나 공창제도를 없앨 수 없다고도 말한 적이 없을 뿐 아니라, 여성들이 폭력에 노출되어 끔찍한 꼴을 당하는 것에 대해 반대하는 건 당연한 것이라며 그 이후로는 기쿠에와의 논쟁을 거절한다.

정조논쟁

이쿠타 하나요는 「먹는 것과 정조」(『반향』, 1914년 9월)라는 글에서 여성의 정조에는 상품 가치가 있으니 정말 곤란한 상황이 되면 안타깝기는 하지만 몸을 팔아서라도 살아가야 한다고 말했다. 이에 대해 사쓰키는 「살아가는 것과 정조」(『청탑』, 1914년 12월)라는 글로 반박하며 여성의 정조는 그런 것이 아니라, 여성으로서, 인간으로서의 존엄 그 자체이므로 상품처럼 혹은 물건처럼 다뤄서는 안 되며, 돈으로 그 가치를 저울질해서 어느 한 부분을 팔거나 하는 식으로 다뤄서는 안 된다, 정조는 결코 조각낼 수 없다고 주장했다.

이 논쟁에 뛰어든 노에는 애초에 정조라는 발상 자체가 말도 안 된다고 하면서 간통죄를 예로 든다. 남편은 미혼여성과 바람을 피워도 비난받지 않지만 아내가 바람을 피우면 상대와 함께 고소를 당한다. 이런 법률은 구태의연한 가족제도 안에서 남자가 여자를 집안에 가두기 위한 것이며, 정조는 남자들이 원하는 것을 이루어 주기 위해 만들어진 부자연스러운 도덕에 지나지 않는다. 정조나 간통죄라는 개념이 존재했던 이유는 여성이 사유재산이나 노예로 취급되었기 때문이니, 정조 개념에 기반한 노예근성을 모든 여성들의 마음과 일상에서 송두리째 일소해야 한다고 주장했다.

훗날 오스기와 노에의 연애를 둘러싸고 언론의 뭇매가 이어졌을 때, 라이초는 자신이 지향한 것은 성도덕의 혁신이지 부도덕이 아니라며 그것은 부도덕과는 다르다며 노에와 거리를 두었다. 라이초에게 진정한 연애란 남녀 커플이 자유롭게 맺어지고 서로 영원한 사랑을 약속하여 영속적으로 공동생활을 영위하는 것이었다. 따라서 이를 위한 도덕마저도 깨부수려 하는 오스기와 노에의 연애는 라이초에겐 부도덕으로 간주되었다. 그들은 누가, 어떤 형태로, 몇 명을 사귀든 자유라고 말했는데, 라이초에게 그것은 음란일 뿐이었다.

질주하는 문체, 인칭을 넘나들며 개입하기

이 책이 일본에서 출간되었을 때, 노에의 삶과 죽음에 대한 내용뿐 아니라 저자 구리하라의 독특한 문체 또한 큰 주목을 받았다. 저자의 파격적인 문체는 노에의 파격적인 삶을 거침없이 담아낸다. 비속어와 은어를 남발하는 것은 기본이고 일인칭의 말투로 불쑥 끼어들다가도, 어느새 노에의 곁에서 그의 동료들과 '우리'로 함께 서 있거나, 멀찍이 거리를 두며 삼인칭 시점으로 서술하기도 한다. '정신 사납다'는 말이 튀어나올 정도로 저자의 목소리와 등장인물들의 목소리가 섞이거나 명확히 구분되지 않는 대목도 있다. 그야말로 인칭을 넘나들며 질주하듯 개입하는 문체다.

그래서인지 '평전'의 형식을 띠고는 있지만, 에피소드를 소개할 때마다 사건에 대한 설명보다는 노에에 대한 저자의 흠모에 가까운 애정이 드러나는 감정적인 문장들이 넘실댄다. 정형화된 평전을 기대했던 독자들이라면 당황하지 않을 수 없다. 어떤 역사적 사건이나 맥락에 대한 친절한 설명도 없고, 당대의 거물 아나키스트들이 우스꽝스러운 모습으로 그려진다. 그들을 손닿지 않는 높은 곳에 모셔지는 영웅이나 위인이 아니라 친근한 존재들로 다루는 저자의 태도는 독자로 하여금 그 시대 그 장소를 기웃거리게 만든다. 그에 더해 저자 특유의 유

머의 힘은 비장함이 감도는 장면에서도 이내 웃음이 터져 나오
게 한다. 사실 그가 묘사하는 아나키스트들의 모습은 오합지
졸에 가깝다. 오스기와 노에가 살해당한 후, 복수를 위해 총을
쏘거나 폭탄을 던지는 족족 실패하는 모습이 그렇다. 그러나
그들은 지배받지 않고 살아갈 수 있는 멋진 신세계를 함께 꿈
꿨고 그러한 꿈을 우정으로 길어 올렸다. 그렇다면 그들의 우
정은 어떤 것이었을까?

아나키즘, 그리고 일하지 않는 자들과의 우정

저자는 아나키즘 연구자이기도 하다. 한국에서 무정부주
의로 번역되는 아나키즘이란 모든 지배를 부정하는 사상이며,
근본적으로 국가를 인정하지 않는다. 국가란 인간이 인간을 지
배하기 위해 만들어진 것이기 때문이다. 오스기는 노동운동의
전국 조직을 결성할 때도 지배 관계를 부정하고, 조합의 규모
와 관계 없이 모든 조합의 개성을 살린 연합조직을 만들자고
주장했다. 오스기는 이를 '자유연합'이라 불렀는데, 노에는 이
것을 좀 더 친근하고 구체적인 말로 표현한다.

> "회사도 좋고 가정도 좋다. 사람이 진정 어떠한 것에도 동
> 화되지 않고 주인과 노예의 관계에서 빠져나오려면, 그것과는
> 다른 관계를 만들어야 한다. 우정이란 중심이 없는 기계다. 한
> 번 사용하면 중독된다. 이제 인간을 그만두고 미싱이 될 때가
> 온 것 같다."(본문 158쪽)

아버지 가메기치, 그리고 노에와 함께 살았던 쓰지나 오스기는 일하지 않거나 혹은 내킬 때만 일하는 사람들이었다. 자본주의적인 관점이라면 그들은 분명 '불량노동자'이며 사회주의적 관점에서는 '룸펜 프롤레타리아트'라고 불릴만한 존재들이었다. 이들은 이중의 의미에서 추방된다. 생산력을 떨어뜨린다는 이유로 생산과정에서, 그리고 질서를 교란한다는 이유로 시민사회에서. 가정을 이루고 번듯한 직장에서 일하는 것이 인간다움의 증거가 되어버린 곳에서라면 어디든, 이들은 더 이상 인간이 아니게 된다. 그러나 인간다움이 그런 것이라면 차라리 인간을 그만두고 미싱이 되자고 노에는 말한다. 노에와 오스기는 가진 것 없는 동료들과 함께 살며 공동취사를 하고, 어설프긴 해도 잠시나마 공동육아를 구현하기도 했다. 노에는 동료들이 아이를 돌보고 집안일을 거드는 동안 글쓰기에 몰두할 수 있었다.

노에의 우정론과 운동론은 '중심이 없다'는 점에서 일맥상통한다. 아나키즘은 위로부터의 명령이나 조직의 권위 혹은 선두에 서는 전위(前衛)그룹도 인정하지 않는다. 아나키즘의 이상(理想)은 사람이 사람을 지배하지 않고 서로 도우며 살아가는 무상(無償)의 행위, 상호부조가 핵심이다. 대가—보상 관계로 움직이지 않는 '삶의 무상성'은 때때로 국가의 행정을 불필요한 것으로 만들기도 한다. 국가가 아나키스트의 벗들을 두려워하는 건 바로 오합지졸이며 가진 것 없는 그들의 보잘 것 없는 힘이 국가의 지배를 가능하게 하는 토대를 흔들어 놓기 때문이 아닐까?

백치가 되어라

이토 노에는 당대의 자본주의, 사회주의, 페미니즘이라는 다양한 이즘(ism)의 입장에서 어느 누구 하나 반기지 않는 '불편한' 존재였다. 그러나 그 '불편함'이야말로 우리가 당연시하는 것들을 되묻게 만든다. 노에는 누가 자격이 있는가의 문제보다는, 이 사회가 무엇을 기준으로 여성, 남성 혹은 인간다움이라는 범주를 정하고 통제하는가의 문제, 즉 권력의 작동 방식을 문제 삼았다.

남성들의 지배로부터 자유로워진다 하더라도, 그 시점에서 다시 사람들을 계속 특정한 범주 안으로 집어넣고 규정지으려 하는 새로운 권력과 담론이 생겨난다. 노에는 이에 대해 거침없는 비판을 쏟아 부으며 새로 짜인 판까지도 뒤흔들었다. 노에의 성적 실천 또한 당대의 페미니스트들에겐 부도덕하고 음란한 행위로 비난받았다.

한편, 규정할 수 없고 포섭되지도 않으면서 법과 제도 따위는 아랑곳하지 않았던 그의 아나키스트 친구들은 일하지 않는 자들이라는 점에서 자본주의와 사회주의 양측 모두에게 쓸모없는 자들로 치부되었다.

하지만 그들의 '쓸모-없음'이야말로 우리가 발 딛고 사는 세계의 토대를 의심해 볼 수 있는 계기일 수 있지 않을까? 그들의 존재 자체가 '불편하게' 느껴지는 건 바로 우리의 토대가 흔들리기 때문이 아닐까? 우리는 왜 쓸모 있어야 하는가?

일하지 않는 자 먹지도 말라. 노에가 이런 소리를 듣는다면 우리가 왜 이렇게까지 일해야 하는지를 되물었을 것이다. 노에는 보란 듯이 쓸모없는 자들과 함께 밤마다 정체를 알 수 없는 요리로 만찬을 즐겼다. 백 년 전 어느 여름 밤, 노에 일당이 웃고 떠들었을 왁자지껄한 밥상을 떠올려본다.

이토 노에와 함께 했던 '잇다'의 시간들

이 책은 번역공동체 '잇다'의 두 번째 작업이다. 저자의 논조를 따라가면서 여러 논쟁을 거쳤고, 페미니즘과 아나키즘을 둘러싸고 멤버들 모두의 의견이 일치하지도 않았다. 하지만 우리는 이견(異見)들 사이에서 서로의 이야기를 '듣는 힘'의 중요성을 알게 되었고, 자신과 다른 의견을 섣불리 설득하려 들거나 조율하려 하지도 않았다. 우리는 줄곧 어떤 '과정' 속에 있었고, 지금도 그렇다. 그 과정은 구리하라의 프리즘을 통해서 혹은 각자의 자리에서 노에의 삶과 사상을 이해하는 시간이기도 했다. 적극적인 의미에서 '이해'란 나의 변화를 기꺼이 감수하는 것을 전제하고 있다고 생각한다. 번역 기간 동안 한국 사회에서 일어난 미투 운동의 파장은 우리의 공부와 일상 또한 송두리째 흔들어 놓았고, 그러한 파장을 통과하면서 우리는 익숙했던 사람들과 정들었던 공동체를 떠나는 아픈 경험을 하기도 했다.

노에 혹은 구리하라의 주장에 대해 때로는 반박하고 때로는 공감하면서 백 년 전 그때–거기와 지금–여기를 오가며 아나키즘과 페미니즘의 가능성과 한계를 구체적으로 실감하는 귀중한 경험을 '잇다'의 동료들과 할 수 있었다는 것은 무엇보다 큰 행운이었다. '이해'를 통해 우리가 자처한 변화는 우리가 사는 세계를 바꾸었다기 보다 우리가 세계를 대하는 태도를 바꾸었고, 이에 따라 우리를 둘러싼 관계들의 자장(磁場)이 바뀌었다. 지금도 '잇다'의 멤버들은 노에와 함께 저마다 다른 강도와 온도로 삶의 확충을 구현하는 과정에 있다.

논형출판사의 소재두 사장님은 파격적인 문체와 내용에도 '잇다'의 선택을 믿고 선뜻 출판을 결심해 주셨을 뿐 아니라 끊임없는 격려와 응원을 해 주셨다. 소재천 편집장님, 심재진 기획자님과는 편집 작업을 앞두고 허심탄회하게 의견을 나누었다. 덕분에 이들이 느꼈던 '불편함'이 백 년 전의 그것과 어떤 지점에서 만나고 어긋나는지 듣고 생각해 볼 수 있었다. 교열하며 읽어 주신 이용화 선생님께도 감사드린다. 이 책을 추천해주고 저자를 소개해 준 가게모토 쓰요시(影本剛)는 마지막 감수까지 정성을 아끼지 않았다. 깊은 고마움을 전한다.

무엇보다 서로에 대한 근거 없는 믿음과 우정에 기대어 할 말 못할 말 가리지 않고 기탄없이 논쟁하면서도 즐겁게 작업했던 우리 자신, 번역공동체 '잇다'의 김해진, 김수용, 경혜진, 심아정에게 박수를 보내고 싶다. 공동작업의 과정 중에 일상에서 저마다 각기 다른 아픔과 고민들이 있었지만, 서로의 힘듦을 조용히 바라봐주고 숨 쉴 수 있는 틈을 내어주는 동료들이 있었기에 이 작업을 해낼 수 있었다. 마지막으로 걷잡을 수 없는 문장으로 우리를 너무나 힘들게 했던, 그러나 미워할 수 없는 저자 구리하라 야스시의 말을 빌리고 싶다.

새로운 나를 손에 넣자. 이 사람과 함께라면 이것도 할 수 있고 저것도 할 수 있다. 더 할 수 있고 무엇이든 할 수 있다. 그렇게 끊임없이 새로운 나로 다시 태어난다. 힘의 성장, 단절되지 않는 생명. 분명 그것이 노에가 말하는 우정을 키워가는 행위라고 생각한다.

친구가 있으면 못할 일이 없다. 저 친구가 있으면 이것도 할 수 있고, 이 친구가 있으면 저것도 할 수 있다. 여차하면 어떻게든 된다. 뭐든지 할 수 있다. 그대, 중심이 없는 기계가 되어라. 그걸 방해하는 무언가가 있다면, 언제든 쌀소동이다, 세 입자운동이다! 간절히 원하기만 한다면 얻을 수 없고, 위협하면 조금 얻을 수 있고, 강탈하면 전부 얻을 수 있다. 마을을 불살라 백치가 되어라.

2019년 5월 싱그러운 여름을 기다리며
번역공동체 '잇다' 심아정

1895년 1월 21일 후쿠오카(福岡)현 이토시마(糸島)군 이마주쿠(今宿)
에서 아버지 이토 가메기치(伊藤亀吉)와 어머니 우메(ウメ) 사
이에서 5남 2녀 중 셋째로 출생. 호적상의 이름은 노에(ノエ)
지만, 훗날 『청탑(青踏)』에 글을 쓰면서 자신이 노에(野枝)라는
한자로 바꿔서 쓰기 시작.

1901년 4월 이마주쿠심상소학교 입학.

1904년 집안이 어려워 아버지 쪽 친척 마쓰(マツ)의 양녀가 되면서,
에노키즈(榎津) 심상소학교로 전학.

1905년 마쓰의 이혼으로 소학교 졸업 후 이마주쿠의 집으로 돌아감.
스센지(周船寺)고등소학교 진학.

1908년 3월 다시 나가사키의 아버지 친적 기치(キチ) 고모 집에 맡겨
짐. 고모부 다이 준스케(代準介), 한 살 많은 사촌 지요코(千代
子)와 함께 살다가 니시야마(西山)여자고등소학교로 전학.

1908년 11월 다이 일가가 사업 때문에 도쿄로 거처를 옮기게 되어
다시 이마주쿠의 집으로 돌아감.

다시 스센지고등소학교로 전학.

1909년 3월 스센지고등소학교 졸업.

　　　　이마주쿠타니(今宿谷)우체국에 취직.

1909년 11월 다이 고모부에게 부탁하여 우체국을 그만두고 도쿄로

　　　　상경해서 수험공부 시작.

1910년 3월 우에노(上野)고등여학교 수석 합격.

1910년 4월 우에노고등여학고 4학년으로 편입.

1911년 4월 쓰지 준(辻潤)이 영어교사로 부임.

1911년 8월 22일 스에마쓰후쿠타로(末松福太郎)와 약혼.

1912년 2월 21일 스에마쓰가의 호적에 입적.

1912년 3월 26일 우에노고등여학교 졸업.

1912년 4월 스에마쓰가에서 가출해 한동안 지인의 집을 전전하다

　　　　쓰지의 집으로 들어 감.

　　　　가출 중에 청탑사(青踏社)의 히라쓰카 라이초에게 도움을 요청

　　　　하는 편지를 씀.

1912년 7월 ~ 9월 고향에 내려가 스에마쓰와의 이혼을 준비.

1912년 10월 청탑사에 입사.

1912년 11월 『청탑』을 통해 「동쪽의 바닷가(東の渚)」로 등단.

1913년 2월 11일 스에마쓰 후쿠타로와 이혼.

1913년 9월 20일 장남 마코토(一) 출산.

1913년 1 2월 자전소설 「제멋대로(わがまま)」 발표.

1914년 2월 소설 「출분(出奔)」 발표.

1914년 3월 『부인해방의 비극(婦人解放の悲劇)』 번역.

1914년 5월 오스기 사카에(大杉栄)가 『부인해방의 비극』을 읽고

자신이 발간하는 『근대사상(近代思想)』에서 격찬.

1914년 7월 오스기가 노에와 쓰지의 집을 방문.

1915년 1월 『청탑』의 발행인이 노에로 바뀌어 『청탑』 제2기가 시작되면서 정조논쟁, 낙태논쟁, 폐창논쟁 등에 활발히 참여.

1915년 7월 20일 쓰지 준과 혼인신고.

1915년 11월 4일 차남 류지(流二) 출산.

1916년 2월 오스기 사카에와 히비야(日比谷)공원에서 첫 데이트.

1916년 4월 25일 류지를 데리고 쓰지의 집을 나옴.

1916년 6월 류지를 양자로 보냄.

1916년 9월 8일 오스기와 동거 시작.

1916년 11월 9일 하야마히카게차야(葉山日陰茶屋)에서 오스기 사카에가 가미치카 이치코(神近市子)에게 목을 찔림. 주변의 사회주의자들로부터 노에와 오스기가 비난을 받음.

1917년 9월 25일 오스기와의 사이에서 장녀 마코(魔子) 출산.

1917년 12월 29일 가메이도(龜戶)로 이사하여 본격적인 노동운동을 시작.

1918년 쌀값 폭등으로 일본 전역에서 민중 폭동이 일어남.

1918년 1월 1일 『문명비판(文明批判)』을 오스기와 함께 출간.

1918년 3월 1일 취객의 난동에 휘말려 오스기 일행이 구속됨(기친야도(木賃宿)사건).

1918년 3월 9일 노에는 기친야도 사건에 대해 항의하기 위해 고토 신페이(後藤新平)에게 편지를 보냄.

233 1918년 4월 9일 『문명비판』 폐간.

1919년 10월 6일 노에가 월간『노동운동(勞動運動)』(월간) 창간.

1919년 12월 24일 차녀 엠마(エマ) 출산.

1921년 3월 13일 삼녀 엠마(エマ) 출산.

1921년 4월 24일 적란회(赤瀾會) 결성. 야마카와 기쿠에(山川菊栄)와

　　　함께 고문으로 참여.

1921년 12월 26일 오스기와 제3차 월간『노동운동』출간.

1922년 6월 7일 사녀 루이즈(ルイズ) 출산.

1923년 8월 9일 장남 네스토르(ネストル) 출산.

1923년 9월 1일 관동대지진.

1923년 9월 16일 노에는 지진피해를 입은 오스기의 조카 무네카즈를

　　　데리러 다녀오는 길에 헌병대에 끌려가 셋이 함께 살해당함.

미주

1 伊藤野枝,「嘘言と云ふことに就いての追憶」『定本 伊藤野枝全集』(이하 『全集』) 第2巻, 學藝書林, 2000年, p.203.(初出『青鞜』第5巻 第5号, 1915年 5月)

2 앞의 글, p.212.

3 矢野寛治,『伊藤野枝と代準介』, 弦書房, 2012年, p.54.

4 井手文子,『自由それはわたし自身─評伝・伊藤野枝』, 築摩書房, 1979年, p.42.

5 伊藤野枝,「わがまま」『全集』第1巻, 学藝書林, 2000年, p.88. (初出『青鞜』 第3巻 第12号, 1913年 12月)

6 伊藤野枝,「出奔」『全集』第1巻, pp.103.(初出『青鞜』第4巻 第2号, 1914年 2月)

7 辻潤,「ふもれすく」『絶望の書・ですぺら』, 講談社文芸文庫, 1999年, p.107.

8 平塚らいてう,『元始, 女性は太陽であった─平塚 らいてう自伝2』, 国民文庫, 1992年, pp.69~70.

9 伊藤野枝,「東の渚」『全集』第1巻, pp.9-10.(初出『青鞜』第2巻 第11号, 1912年 11月)

10 伊藤野枝,「S先生に」『全集』第2巻, p.78.(初出『青鞜』第4巻 第6号, 1914年 6月)

11 앞의 글, pp.78~79.

12 伊藤野枝,「従妹に」『全集』第2巻, p.61.(初出『青鞜』第4巻 第3号, 1912年 3月)

13 伊藤野枝,「矛盾恋愛論」『全集』第2巻, p.163.(初出『廿世紀』第2巻 第1号, 1915年 1月)

14 伊藤野枝,「遺書の一部から」『全集』第1巻, p.119.(初出『青鞜』第4巻 第9号, 1914年 10月)

15 앞의 글, p.120.

16 앞의 글, p.121.

17 앞의 글, p.122.

18 大杉栄,「婦人解放の悲劇」『大杉栄全集』第2巻, ぱる出版, 2014年,

pp.207~208.

19 大杉栄,「死灰の中から」『大杉栄全集』第4巻, ぱる出版, 2014年, pp.317.

20 平塚らいてう,『元始, 女性は太陽であった一平塚らいてう自伝2』, p.190.

21 伊藤野枝,「青鞜を引き継ぐに就いて」『全集』第2巻, p.156. (初出『青鞜』第5巻
第1号, 1915年 1月)

22 安田皐月,「生きることと貞操と」堀場清子編『『青鞜』女性解放論集』, 岩波文庫,
1991年, pp.243~244.

23 伊藤野枝,「貞操についての雑感」『『青鞜』女性解放論集』, p.251.(初出『青鞜』
第5巻 第2号, 1915年2月)

24 앞의 글, p.256.

25 앞의 글, pp.258~259.

26 原田皐月,「獄中の女より男に」『『青鞜』女性解放論集』, pp.262~263.

27 伊藤野枝,「私信―野上弥生様へ(抄)」『『青鞜』女性解放論集』, pp.271~272.
(初出『青鞜』第5巻 第6号, 1915年 6月)

28 平塚らいてう,「「個人」としての生活と「性」としての生活との間の争闘について
(野枝さんに))」『『青鞜』女性解放論集』, p.293. (初出『青鞜』第5巻 第8号,
1915年 9月)

29 伊藤野枝,「傲慢狭量にして不徹底なる日本婦人の公共事業について」『『青鞜』
女性解放論集』p.320 (初出『青鞜』第5巻 第11号, 1915年 2月)

30 앞의 글, p.325.

31 伊藤野枝,「青山菊栄様へ」『『青鞜』女性解放論集』, p.347 (初出『青鞜』第6巻
第1号, 1916年1月)

32 青山菊栄,「さらに論旨を明らかにす青山菊栄様へ」『『青鞜』女性解放論集』,
p.357 (初出『青鞜』第6巻 第2号, 1916年 2月)

33 伊藤野枝,「雑感」『全集』第2巻, p.141.(初出『青鞜』第4巻 第2号, 1914年 2月)

34 大杉栄,『大杉栄書簡集』第2巻, 海燕書房, 1974年, p.142.

35 앞의 글, p.146.

36 『全集』第2巻, p.356.

37 앞의 글, p.361.

38 앞의 글, p.395.

39 神近市子, 『神近市子自伝(人間の)記録8』, 日本図書センター, 1997年, p.168.

40 이 이야기는 오스기의 「お化けをみた話」(『改造』 1922年 9月)에 의거하고 있다.
　　이에 대한 반론으로 가미치카는 「豚に投げた真珠」(『改造』 1922年 10月)
　　를 썼는데, 이불 속으로 들어온 건 오스기였고 자기가 그를 거절했다고
　　말한다. 자고로 남녀관계란 진흙탕 싸움이다.

41 平塚らいてう, 「いわゆる自由恋愛とその制限」『元始, 女性は太陽であった――平塚
　　らいてう自伝2』, p.286.

42 伊藤野枝, 「書簡 武部ツタ宛(1919年 10月 1日)」『全集』第2巻, p.443.

43 大杉栄, 「久板の生活」『大杉栄全集』第6巻, ぱる出版, 2015年, p.135.

44 앞의 글, p.136.

45 大杉栄, 「野枝は世話女房だ」『大杉栄全集』第4巻, p.122.

46 伊藤野枝, 「階級的反感」『全集』第3巻, p.31. (初出『文明批判』第1巻 第2号,
　　1918年 2月)

47 앞의 글, p.32.

48 伊藤野枝, 「書簡 後藤新平宛」『定本 伊藤野枝全集 補完・資料・解説 野枝さ
　　んをさがして』, 學藝書林, 2013年, p.79.

49 원전은 代準介, 『牟田の稲穂』이다. 矢野寛治, 『伊藤野枝と代準介』, p.140에서
　　인용했다.

50 大杉栄, 「伊藤野枝宛(1922年 10月 21日)」『大杉栄書簡集』, p.222.

51 伊藤野枝, 「貞操観念の変遷と経済的価値」『全集』第3巻, p.273.(初出『女の
　　世界』第7巻 第8号, 1921年 6月)

52 앞의 글, p.269.

53 앞의 글, p.269.

54 앞의 글, p.271.

55 伊藤野枝,「自由母権の方へ」『全集』第3巻, p.271.(初出『解放』第2巻 第4号, 1920年 4月)

56 伊藤野枝,「『或る』妻から良い―囚はれた夫婦関係よりの解放」『全集』第3巻, p.256.(初出『改造』第3巻 第4号, 1921年 4月)

57 앞의 글, p.252.

58 伊藤野枝,「自由母権の方へ」『全集』第3巻, pp.170~171.

59 伊藤野枝,「『或る』妻から良い―囚はれた夫婦関係よりの解放」『全集』第3巻, p.255.

60 伊藤野枝,「自由母権の方へ」『全集』第3巻, p.174.

61 앞의 글, p.174.

62 伊藤野枝,「婦人労働者の現在」『全集』第3巻, p.111. (初出『新公論』第34巻 第12号, 1919年 12月)

63 앞의 글, p.111.

64 伊藤野枝,「婦人の反抗」『全集』第3巻, pp.291~292.(初出『労働運動(第二次)』第12号, 1921年 6月 4日)

65 伊藤野枝,「失業防止の形式的運動対する一見解－生きる権利の強調と徹底」『全集』第3巻, pp.348~349. (初出『労働運動(第三次)』第13号, 1923年 4月 1日)

66 伊藤野枝,「無政府主義の事実」『全集』第3巻, p.309.(初出『労働運動(第三次)』第1号, 1921年 12月 26日, 第2号, 1922年 2月 1日)

67 帝都羅災児童救援会編,『関東大震大火全史』, 帝都羅災児童救援会, 1924年, pp.299~300.

68 앞의 글, pp.303~304.

69 伊藤野枝,「私共を結びつけるもの」『全集』第3巻, p.358.

참고문헌

堀切利高・井手文子編.『定本 伊藤野枝全集全』(全四卷). 學藝書林. 二〇〇〇年.

堀切利高編.『定本 伊藤野枝全集全 補遺・資料・解說 野枝さんをさがして』. 學藝
　　　書林. 二〇一三年.

森まゆみ編.『吹けよあれよ風よあらしよ 伊藤野枝選集』. 學藝書林. 二〇〇一年.

大杉栄全集編集委員会編.『大杉栄全集』(全十二卷、別卷一). ぱる出版.
　　　二〇一四――六年.

大杉栄研究会編.『大杉栄書簡集』. 海燕書房. 一九七四年.

大杉栄.『叛逆の精神―大杉栄評論集』. 平凡社ライブラリー. 二〇一一年.

飛鳥井雅道編.『大杉栄評論集』. 岩波文庫. 一九九六年.

大杉栄著. 飛鳥井雅道校訂.『自叙伝・日本脱出記』. 岩波文庫. 一九七一年.

小林登美枝・米田佐代子編.『平塚らいてう評論集』. 岩波文庫. 一九八七年.

平塚らいてう.『元始、女性は太陽であった― 平塚らいてう自伝』(全四卷). 国民文庫.
　　　一九九二年.

鈴木裕子編.『山川菊栄評論集』. 岩波文庫. 一九九〇年.

竹西寛子編.『野上弥生子随筆集』. 岩波文庫. 一九九五年.

堀場清子編.『『青鞜』女性解放論集』. 岩波文庫. 一九九一年.

神近市子.『神近市子自伝(人間の記録8)』. 日本図書センター. 一九九七年.

山内みな.『山内みな自伝――十二歳の紡績女工からの生涯』. 新宿書房. 一九七五年.

辻潤.『絶望の書・ですぺら』. 講談社文芸文庫. 一九九九年.

和田久太郎.『増補決定版 獄窓から』. 黒色戦線社. 一九七一年.

近藤憲二.『一無政府主義者の回想』. 平凡社. 一九六五年.

松下竜一.『ルイズ―父に貰いし名は』. 講談社文芸文庫. 二〇一一年.

伊藤ルイ.『海の歌う日―大杉栄・伊藤野枝へ―ルイズより』. 講談社. 一九八五年.

辻まこと著. 琴海倫編.『遊ぼうよ―辻まことアンソロジー』. 未知谷. 二〇一一年.

山川均ほか.『新編 大杉栄追想』. 土曜社. 二〇一三年.

백치가 되어라

小田光雄・小田透訳.『エマ・ゴールドマン自伝』(上・下). ぱる出版. 二〇〇五年.

日高一輝訳.『ラッセル自叙伝』(全三巻). 理想社. 一九六八―七三年.

岩崎呉夫.『炎の女―伊藤野枝伝』. 七曜社. 一九六三年.

瀬戸内寂聴.『美は乱調にあり』. 角川学芸出版. 二〇一〇年.

瀬戸内晴美(寂聴).『諧調は偽りなり』. 文春文庫. 一九八七年.

柴門ふみ(瀬戸内寂聴原作).『美は乱調にあり』. 文藝春秋. 二〇一四年.

井手文子.『自由それは私自身―評伝・伊藤野枝』. 筑摩書房. 一九七九年.

矢野寛治.『伊藤野枝と代準介』. 弦書房. 二〇一二年.

森まゆみ.『『青鞜』の冒険―女が集まって雑誌をつくるということ』. 平凡社.
　　　二〇一三年.

鎌田慧.『大杉榮 自由への疾走』. 岩波書店. 一九九七年.

大杉豊編著.『日録・大杉栄伝』. 社会評論社. 二〇〇九年.

栗原康.『大杉栄伝―永遠のアナキズム』. 夜光社. 二〇一三年.

角田房子.『甘粕大尉 増補改訂』. ちくま文庫. 二〇〇五年.

佐野眞一.『甘粕正彦 乱心の曠野』. 新潮文庫. 二〇一〇年.

『彷書月刊 3(特集 わたしは伊藤野枝)』. 弘隆社. 二〇〇〇年.

『初期社会主義研究(特集 大杉栄)』第十五号. 二〇〇二年.

『初期社会主義研究(特集 非戦)』第十七号. 二〇〇四年.

鹿野政直・堀場清子編.『高群逸枝語録』. 岩波現代文庫. 二〇〇一年.

森崎和江.『第三の性―はるかなるエロス』. 河出文庫. 一九九二年.

田中美津.『いのちの女たちへ―とり乱しウーマンリブ論』. パンドラ. 二〇〇四年.

TIQQUN.「『ヤングガール・セオリーのための基本資料』序文」『HAPAX』vol.4.
　　　夜光社. 二〇一五年.

五井健太郎.「巡る恋の歌―長渕剛における政治的なもの」『文藝別冊 長渕剛』.
　　　河出書房新社. 二〇一五年.

森元斎.『具体性の哲学―ホワイトヘッドの知恵・生命・社会への思考』. 以文社.
　　　二〇一五年.

不可視委員会著. HAPAX訳.『われわれの友へ』. 夜光社. 二〇一六年.